ANDREA MÜLLER

NÄHEN

SO EINFACH GEHT'S

DIE GU-QUALITÄTS-GARANTIE

Wir möchten Ihnen mit den Informationen und Anregungen in diesem Buch das Leben erleichtern und Sie inspirieren, Neues auszuprobieren. Bei jedem unserer Produkte achten wir auf Aktualität und stellen höchste Ansprüche an Inhalt, Optik und Ausstattung. Alle Informationen werden von unseren Autoren und unserer Fachredaktion sorgfältig ausgewählt und mehrfach geprüft. Deshalb bieten wir Ihnen eine 100 %ige Qualitätsgarantie.

Darauf können Sie sich verlassen:
Wir legen Wert darauf, dass unsere Kreativ-Ratgeber fachlich fundiert und inspirierend zugleich sind. Wir garantieren, dass:
- alle Anleitungen und Tipps in der Praxis geprüft und
- durch klar verständliche Texte und Illustrationen einfach umsetzbar sind.

Wir möchten für Sie immer besser werden:
Sollten wir mit diesem Buch Ihre Erwartungen nicht erfüllen, lassen Sie es uns bitte wissen! Nehmen Sie einfach Kontakt zu unserem Leserservice auf. Sie erhalten von uns kostenlos einen Ratgeber zum gleichen oder ähnlichen Thema. Die Kontaktdaten unseres Leserservice finden Sie am Ende dieses Buches.

GRÄFE UND UNZER VERLAG
Der erste Ratgeberverlag – seit 1722.

SEITE 20

SEITE 28

SEITE 26

01 THEORIE

Alle **11 NÄH-PROJEKTE** *im Überblick*

02 PRAXIS

ANHANG

Erst zuschneiden, dann stecken ⟶ ab Seite 12

NÄHEN LEICHT GEMACHT

—

Es gibt ein paar wichtige Dinge, die Sie wissen sollten, bevor Sie mit dem Nähen beginnen. Schließlich sollen all die schönen Projekte in diesem Buch auch gelingen. Doch nun los, Nähmaschine und Stoffe warten schon!

RUND UM DIE NÄHMASCHINE

Die Nähmaschine ist natürlich das wichtigste Tool beim Nähen. Beim Einkauf sollten Sie vorgehen wie beim Autokauf: Qualität ist wichtig, doch für den Anfang muss es nicht gleich das teuerste Modell mit maximaler Ausstattung sein.

Wie finden Sie nun die zu Ihnen passende Nähmaschine? Gleich vorweg: Es gibt kein Einsteiger-Modell, das für jeden ideal ist. Auch die Ausstattung ist auf die individuellen Bedürfnisse abzustimmen.

DAS RICHTIGE MODELL FINDEN

Bevor Sie gleich eine Nähmaschine kaufen, aber noch gar nicht sicher wissen, ob Ihnen Nähen Spaß macht, schauen Sie sich doch mal in Ihrer Umgebung um. Vielleicht haben ja Ihre Mutter, Ihre Schwester oder Ihre Freundin eine Nähmaschine, mit der Sie probenähen können. Oder Sie besuchen ein Nähcafé, die es inzwischen in vielen Städten gibt. Sie können Schnittmuster und Stoff dorthin mitnehmen und gemütlich bei Kaffee und Kuchen an einem der Nähmaschinenplätze arbeiten und dabei verschiedene Modelle ausprobieren. Dadurch wissen Sie schon, ob Sie weiterhin nähen möchten und was Sie von einer Maschine erwarten. Nun brauchen Sie einen Fachhändler, der nicht spezialisiert ist auf eine Firma, sondern der viele Modelle führt. Kaufen Sie wenn möglich Ihre Nähmaschine immer unter fachkundiger Beratung. Schildern Sie dem Nähmaschinen-Fachmann Ihre persönlichen Vorlieben und wofür Sie die Maschine hauptsächlich verwenden wollen. Lassen Sie sich die Vor- und Nachteile der einzelnen Modelle

erklären. Und erkundigen Sie sich, ob das Geschäft einen Reparatur- und Wartungsservice anbietet, denn dann wissen Sie im Schadensfall, wo Sie schnell Hilfe bekommen. Entspricht das alles Ihren Vorstellungen, fragen Sie, ob Sie die Maschinen ausprobieren dürfen. Dazu sollten Sie schon Stoff dabeihaben, den Sie auch in Zukunft vernähen werden. Sagt Ihnen ein Modell besonders zu, leihen Sie es sich aus und testen es zu Hause auf »Herz und Nieren«. Wenn Ihnen damit das Nähen auch nach längerer Zeit noch Spaß macht, haben Sie wahrscheinlich »Ihr« Modell gefunden.
Für ein Einsteiger-Modell sollten Sie mit 200 bis 400 Euro rechnen. Nähmaschinen von Discountern sind zwar günstiger, aber leider daher auch oft billig hergestellt. Und ohne jeglichen Kunden-Support bringen sie beim Nähen oft mehr Frust als Freude.

Beim Probenähen beachten

So wie Sie ein Auto probefahren, um zu sehen, ob Sie mit der Bedienung, der Rundumsicht etc. zurechtkommen, müssen Sie auch eine Nähmaschine probefahren. Achten Sie darauf, wie einfach sie sich einfädeln lässt, ob die Bedienung leichtfällt und ob sie eine verständliche Gebrauchsanleitung hat. **Im Prinzip funktionieren alle Nähmaschinen gleich:** Zunächst fädeln Sie den **Oberfaden (01)** über den **Fadenhebel (02)** in die Nadel ein. Dann

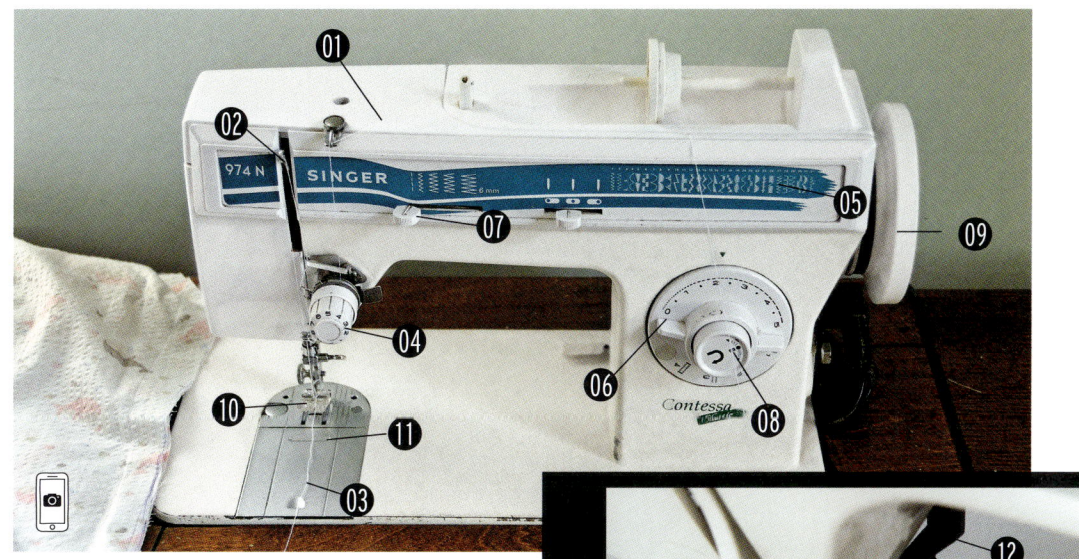

Oben: Wie Sie eine Nähmaschine richtig einfädeln und bedienen, zeigt Ihnen über die App ein How-to-Video.
Rechts: Bevor Sie beginnen, nähen Sie einige Stiche zur Probe auf einem Stoffläppchen oder auf Ihrem Stoff.

legen Sie die Spule mit dem **Unterfaden (03)** ein. Je nach Stoffart, die Sie verarbeiten, stellen Sie die Fadenspannung (▸ Seite 18) über das **Spannungsrädchen (04)** ein. Die wichtigsten Sticharten sind der Geradstich und der Zickzackstich, die Sie über den **Stichartenregler (05)** wählen. Ein paar Zierstiche zusätzlich sind schön, aber nicht notwendig. Danach regeln Sie die **Stichlänge (06)** und **Stichbreite (07)**, die in unseren Anleitungen immer angegeben sind. Zum Sichern einer Naht drücken Sie die **Rückwärtstaste (08)** und nähen so einige Stiche zurück. Mit dem **Handrad (09)** heben Sie bei Bedarf die Nadel aus dem Stoff oder versenken sie darin. Der **Nähfuß (10)** transportiert zusammen

mit den Zähnchen unter der **Stichplatte (11)** den Stoff. Um ihn anzuheben, betätigen Sie den **Nähfußhebel (12)**, der gut erreichbar sein sollte. Der **Standard-Nähfuß (10)** ist in der Regel für Gerad- und Zickzackstich geeignet, außerdem sollte Ihre Nähmaschine einen **Reißverschluss-Nähfuß (13)** enthalten. Eine Lampe sollte den gesamten Nähbereich gut ausleuchten.

DIE GRUNDAUSSTATTUNG

Viel ist es nicht, was Sie zum Nähen brauchen. Das wichtigste Nähzubehör, das Sie für alle Ihre Nähwerke immer wieder benötigen, stellen wir Ihnen auf dieser Seite vor. So sind Sie für die Zukunft bestens gerüstet.

01 Markieren Mit **Trickmarker** oder **Schneiderkreide** übertragen Sie z. B. Schnittmuster-Markierungen auf den Stoff. Der Trickmarker ist auswaschbar. Da Schneiderkreide oft durch Bügeln verblasst, sollten Sie Markierungen, die Sie länger brauchen, mit Stecknadeln kennzeichnen.

02 Fixieren Mit **Stecknadeln** fixieren Sie das Schnittmuster auf dem Stoff oder mehrere Stofflagen. Dies erleichtert das anschließende Schneiden oder Nähen. Eine Alternative ist **doppelseitiges Klebeband.** Besonders hilfreich ist es bei Filz, da hier Stecknadeln Löcher hinterlassen. Applikationen können Sie auch mit einem **Textil-Sprühkleber** fixieren.

03 Unterlage Die **Schneidematte** ist wichtig, wenn Sie mit einem Rollschneider arbeiten. Sie sind selbstheilend, das heißt, Schnittspuren schließen sich sofort, sind sehr strapazierfähig und je nach Bedarf in verschiedenen Größen erhältlich.

05 ⑤ **Verstärken** **Bügelvlies** wird auf die linke Stoffseite dünnerer Stoffe aufgebügelt und sorgt z. B. bei Taschen und Körben für mehr Standfestigkeit. **Volumenvlies** dient als Einlage für Decken. Reines Baumwoll-Vlies ist besonders angenehm und leicht zu verarbeiten. Das hitzebeständige **Thermolan** eignet sich gut für Topflappen oder Untersetzer.

06 ⑥ **Nähen** **Nähmaschinennadeln** kaufen Sie am besten als Set mit verschiedenen Stärken, dann sind Sie für verschiedene Stoffarten gerüstet. Mit **Nähgarn** steppen Sie die Nähte oder nähen mit **Nähnadeln** per Hand. Verwenden Sie hochwertiges Polyestergarn, da es nicht so schnell reißt. Ein **Nahtauftrenner** ist nötig, falls Sie sich vernäht haben.

04 ④ **Abmessen** Ein **Maßband** ist das Allround-Werkzeug beim Nähen. Damit messen Sie z. B. Säume oder Nahtzugaben ab. Um bei einer Ecke den Winkel richtig zu bestimmen, brauchen Sie ein **Geodreieck** (▸ Seite 33). Für lange Kanten empfiehlt sich ein **Lineal**.

07 ⑦ **Zuschneiden** Die **Stoffschere** dient dem Zuschneiden von Stoffen. Die Klingen sind besonders scharf, sodass sie mühelos alle Stoffarten durchschneiden. Verwenden Sie sie nie für Papier, da sie sonst stumpf wird. Besonders saubere, gerade Kanten erhalten Sie, wenn Sie mit dem **Rollschneider** an einem Lineal entlangschneiden. Mit der **kleinen Fadenschere** schneiden Sie den Nähfaden ab oder Rundungen ein.

KLEINE STOFFKUNDE

In der Stoffabteilung vieler Geschäfte oder im Internet finden Sie eine Fülle an Stoffen. Sie können nicht nur unter den verschiedensten Materialien wählen, sondern auch in diversen Farben und Mustern schwelgen.

Die meisten Stoffe sind auf der Rolle erhältlich und liegen 110 cm oder 140 cm breit. Bei den Projekten in diesem Buch geben wir beim Material an, welche Stoffhöhe Sie bei einer bestimmten Breite benötigen. Je nach Art der Herstellung unterscheidet man gewebte und gestrickte Stoffe sowie Vliesstoffe. Manche Stoffe lassen sich leichter verarbeiten, sind also eher für Anfänger geeignet als andere. Auf solche Stoffe gehen wir im Folgenden ein.

Gewebte Stoffe

Sie bestehen aus Längsfäden (Kettfäden) und Querfäden (Schussfäden), wobei die Kettfäden rechtwinklig über und unter den Schussfäden durchgehen und so ein mehr oder weniger dichtes Gewebe bilden. Schneidet man gewebte Stoffe beim Verarbeiten auf, fransen die Kanten leicht aus. Daher sollten Sie bei diesen Stoffen Kanten, die nicht doppelt gesäumt werden (▸ Seite 25), stets vor dem Nähen versäubern (▸ Seite 14). Alle gewebten Stoffe haben eine Ober- und Unterseite, also eine rechte und linke Stoffseite. Ein typischer Webstoff ist **Baumwollstoff (03)**, der aus den Samenfasern der Baumwolle besteht. Er ist stabil, sehr widerstandsfähig und daher der Allrounder beim Nähen. Sind die Kett- und Schussfäden grober und dicker als bei einfachen Baumwollstoffen, nennt man den Stoff **Canvas (01)**. Anstelle von Canvas oder Baumwolle können Sie für unsere Projekte auch prima **Jeans/Denim (05)** oder **Cord (06)** verwenden.

Gestrickte Stoffe

Sie bestehen aus einem Geflecht aus Maschen. Die Kanten fransen in der Regel nicht aus, daher müssen Sie **Strick (07)** nicht versäubern. Alle Strickstoffe sind sehr elastisch. Aus diesem Grund besteht die Innenseite des Loop-Schals von Seite 26 aus einem leichten Polyester-Strickstoff. Statt Strick können Sie auch **Jersey (02)** verwenden.

Vliesstoffe

Diese Stoffe bestehen aus zusammenhaftenden Fasern. Bei der Herstellung werden verschiedene Techniken verwendet. **Wollfilz (04)** besteht aus Fasern von echter Wolle. Das sehr dankbare Material ist stabil und franst nicht aus. Daher muss Filz nicht versäubert werden. Filz dürfen Sie nicht mit Stecknadeln fixieren, weil sie darin unschöne Löcher hinterlassen. Zum Verstärken von Taschen oder zum Füttern von Quiltwerken dient **Bügel-** oder **Volumenvlies**. Bügelvlies besitzt eine beschichtete Seite, womit er aufgebügelt wird (▸ Seite 14).

DEN STOFF ZUSCHNEIDEN

Generell sollten Sie alle Stoffe vor dem Nähen vorwaschen, da sich die Fasern beim erstmaligen Waschen zusammenziehen und das Gewebe dadurch etwas einläuft. Verwenden Sie dafür einen Wäschebeutel und bügeln Sie den Stoff hinterher glatt.

Die maximale Wasch- und Bügeltemperatur für Ihren Stoff erfragen Sie am besten gleich beim Kauf. Meist stehen diese Angaben auf dem Stoffballen.

SCHNITTMUSTER ERSTELLEN

Für alle Projekte in diesem Buch finden Sie exakte Zuschneidepläne und Schnittmuster zum Herunterladen und Ausdrucken unter www.gu.de/selbermachen/downloads. Zur ersten Orientierung finden Sie bei den Anleitungen im Buch zusätzlich Skizzen, die zeigen, welche und wie viele Stoffteile für das jeweilige Projekt nötig sind.

Aus den Zuschneideplänen geht genau hervor, wie Sie die einzelnen Schnittmusterteile am besten auf den Stoff auflegen. Wie Sie die Schnittmuster ganz leicht selbst erstellen können, erklärt Ihnen ein How-to-Video, das Sie über die App bekommen.

Und so gehen Sie vor:

Drucken Sie das Schnittmuster des gewünschten Projektes auf Ihrem Drucker auf DIN A4 aus. Passt das Schnittmuster auf ein Blatt, müssen Sie es nur noch ausschneiden. Ist es größer als eine DIN A4-Seite, kleben Sie die einzelnen Blätter zusammen. Damit alles korrekt passt, achten Sie dabei bitte auf die speziellen Markierungen auf den einzelnen Schnittmusterseiten. Jeweils gleiche Markierungen müssen zusammentreffen. Anschließend schneiden Sie die Schnittmusterteile aus.

Achtung: Für den Druck muss Ihr Drucker so eingestellt sein, dass er nicht skaliert. Auf dem Ausdruck können Sie das daran überprüfen, dass das Kontroll-Quadrat auf dem Schnittmuster eine Kantenlänge von exakt 1 cm hat.

AUFLEGEN UND ZUSCHNEIDEN

Legen Sie nun den gebügelten Stoff glatt aus. Alle Stoffe haben eine rechte und eine linke Seite. Die **rechte Stoffseite** erkennen Sie an der meist intensiveren Färbung. Auf welche Seite Sie das Schnittmuster legen, können Sie dem Zuschneideplan

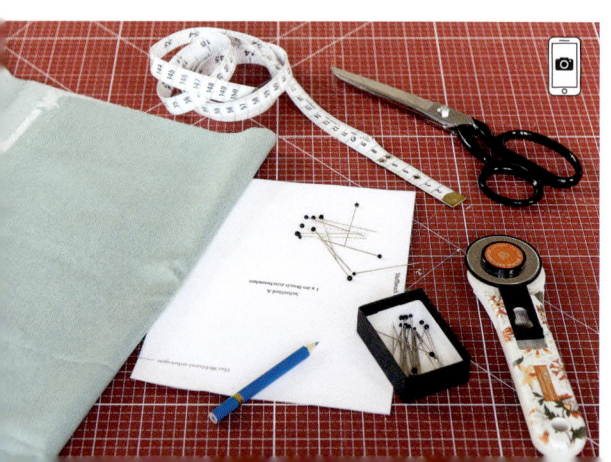

Links: Zuerst laden Sie das Schnittmuster herunter und schneiden daraus die Einzelteile für Ihr Projekt aus.

entnehmen. Was Sie beim Auflegen der Schnittmusterteile beachten sollten, steht ebenfalls im Zuschneideplan. Auch dazu gibt es ein How-to-Video. Beim Auflegen der Schnittmusterteile richten Sie sich nach dem **Fadenlauf**. Bei gewebten Stoffen verläuft er parallel zur **Webkante**. Das ist die äußere Begrenzung des Stoffes. Sie erkennen sie meist an ihrer gröberen Struktur oder an der darin enthaltenen Signatur des Herstellers. Bei gestrickten Stoffen entspricht der Fadenlauf der Strickrichtung. Auf den Schnittmusterteilen ist der Fadenlauf durch einen langen Pfeil gekennzeichnet, den Sie beim Auflegen parallel zum Fadenlauf ausrichten.

Sind zwei gleiche Stoffteile nötig, nehmen Sie den Stoff doppelt. Schnittmusterteile mit symmetrischen Formen legen Sie im **Stoffbruch** an, für einen Kreis z. B. einen Halbkreis. Stoffbruch nennt man die Falte, die beim Längsfalten des Stoffes entlang des Fadenlaufs entsteht. Das erleichtert den Zuschnitt. Stecken Sie nun die ausgeschnittenen Schnittmusterteile auf Ihrem Stoff fest, gegebenenfalls durch alle Stofflagen.

Bevor Sie mit dem Nähen starten, übertragen Sie mit Schneiderkreide oder Trickmarker alle Markie-

Oben: Schnittmuster auflegen, feststecken und die Markierungen übertragen.
Unten: Dann Einzelteile zuschneiden.

TIPP

MUSTER BERÜCKSICHTIGEN

Bei gemusterten Stoffen mit richtungsabhängigem Muster – etwa einem Tier- oder Pflanzenmuster, das nur in einer Richtung verläuft – ist es wichtig, dass Sie das Schnittmuster so auf den Stoff auflegen, dass seine Oberkante mit der nach oben weisenden Seite des Musters übereinstimmt.

rungen vom Schnittmuster auf den Stoff, zum Beispiel die Platzierung von Griffen oder Webbändern. Nun schneiden Sie den Stoff um die Schnittmusterteile herum aus. Naht- und Saumzugaben sind in unseren Schnittmustern bereits berücksichtigt, sie müssen also nicht extra dazugerechnet werden. Verwenden Sie zum Ausschneiden eine Stoffschere. Lange gerade Kanten schneiden Sie am besten mit einem Rollschneider entlang eines Lineals auf einer Schneideunterlage aus.

WICHTIGE HANDGRIFFE

Beim Nähen gibt es einige Handgriffe, die regelmäßig zu tun sind. Einige fallen an, bevor Sie mit dem Nähen richtig loslegen. Manche sind währenddessen immer mal wieder nötig, andere runden ein Projekt schön ab.

Verstärken

Für mehr Standfestigkeit, etwa bei Taschen, sorgt ein Bügelvlies. Sie bekommen es in verschiedenen Stärken. Wir verwenden im Buch Stärke H250. Vlies hat eine matte und eine glänzende klebende Seite. Letztere legen Sie auf die linke Stoffseite und bügeln sie auf.

Versäubern

Gewebte Stoffe fransen nach dem Zuschneiden aus. Um dies zu verhindern, versäubert man die Kanten vor dem Nähen mit einem breiten Zickzackstich (▸ Seite 18).

Stecken

Mit Stecknadeln fixieren Sie zum Beispiel zwei Stofflagen aufeinander, damit sie beim Nähen nicht verrutschen. Stecken Sie dazu die Nadeln alle 4–5 cm im rechten Winkel zur Stoffkante, die Köpfe weisen nach außen.

Die Nadeln entfernen Sie beim Nähen kurz vor dem Erreichen.

Fixieren

Eine Alternative zum Stecken ist das Fixieren mit doppelseitigem Klebeband. Damit lassen sich z. B. Reißverschlüsse perfekt positionieren. Empfindliche Stoffe wie Filz, auf denen Stecknadeln Spuren hinterlassen, können Sie damit kurzzeitig fixieren.

Bügeln

Bügeln ist das A und O beim Nähen. Vor dem Start bügeln Sie den Stoff, um die Schnittmuster faltenfrei auflegen zu können. Während des Nähens bügeln Sie Kanten und Übergänge, damit sie sich besser weiterverarbeiten lassen. Nahtzugaben bügeln Sie auseinander oder zur Seite.

Knappkantig steppen

Das heißt, dass Sie etwa 2 mm, also knapp neben der Kante, auf der rechten Stoffseite einen Geradstich setzen. Solche Nähte braucht man, um eine Wendeöffnung zu schließen oder Nähte nach dem Wenden zu sichern.

Leiterstich

Der Leiterstich ist ein Handstich, mit dem Sie Öffnungen unsichtbar verschließen (▸ Seite 22). Er bietet sich an, wenn knappkantiges Steppen nicht möglich ist, etwa weil das Nähwerk nicht unter den Nähfuß passt.

Knopf annähen

Dazu ziehen Sie einen langen Faden durch das Nadelöhr, nehmen ihn doppelt und verknoten ihn. Dann stechen Sie mehrmals durch die Löcher im Knopf und durch den Stoff. Stechen Sie zwischen Stoff und Knopf aus und wickeln den Faden mehrmals um den Fadensteg. Auf die Stoffunterseite stechen, den Faden vernähen und abschneiden.

VERSTÄRKEN

VERSÄUBERN

STECKEN

FIXIEREN

IMMER

wieder: Von Bügeln bis Verstärken – diese Handgriffe fallen beim Nähen Ihrer Projekte immer wieder an. So geht's.

BÜGELN

KNAPPKANTIG STEPPEN

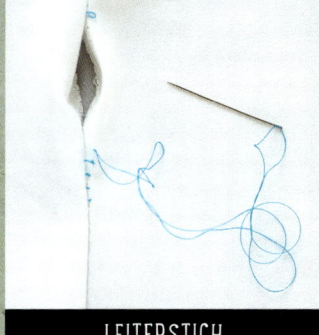

LEITERSTICH

KNOPF ANNÄHEN

Gepatchter Einkaufsbeutel ⟶ Seite 28

ES GEHT LOS – ENDLICH NÄHEN!

—

Die Basis fürs Nähen ist gelegt. Jetzt lernen Sie in Step-by-Step-Anleitungen verschiedene Nähtechniken kennen, die Sie im Anschluss mit den passenden Projekten sofort in die Tat umsetzen können. Und los geht's!

01 ZICKZACKNAHT

Der Zickzackstich dient zum Versäubern offener Stoffkanten und eignet sich dank seiner flexiblen Stichbreite, um Webbänder oder Applikationen (▸ Seite 41) aufzunähen.

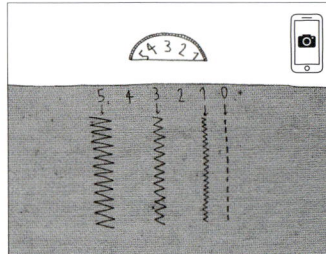

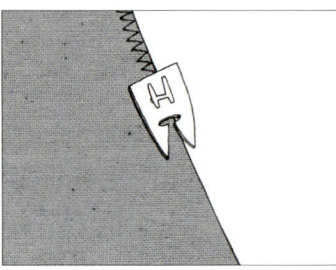

01 Die Breite des Zickzackstichs lässt sich ganz einfach am Stichbreitenregler, die Stichdichte über den Stichlängenregler bestimmen. Je höher die Ziffer, desto breiter bzw. länger der Stich.

02 Zum Versäubern einer Stoffkante (Stichbreite 5–7, Stichlänge 2) legen Sie die Stoffkante (rechte Seite oben) bündig mit dem Rand des Ovals im Nähfuß unter den Nähfuß.

03 Um den Anfang der Zickzacknaht zu sichern, drücken Sie nach den ersten Stichen die Rückwärtstaste, nähen einige Stiche zurück und dann geradeaus weiter.

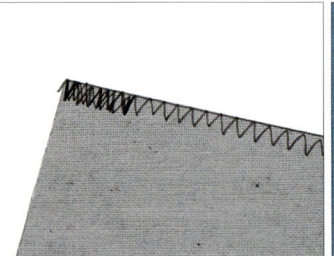

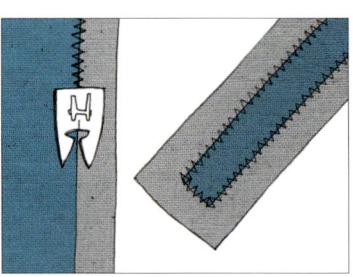

04 Beim Nähen den Stoff niemals ziehen oder schieben, die Maschine transportiert von allein. Das Nahtende sollten Sie wieder durch Zurück- und Vorwärtsnähen sichern.

05 Um ein Webband aufzunähen, legen Sie es mittig unter den Nähfuß (Stichlänge 2, Stichbreite 2–3). So kann der Zickzackstich beide Materialien gleichzeitig greifen.

> **INFO**
>
> **RICHTIGE FADENSPANNUNG**
> Die Fadenspannung stimmt, wenn der Faden keine Schlaufen wirft bzw. sich nicht strafft. Der Normbereich ist 4–6. Dies gilt z. B. für Baumwollstoffe. Für dickere Stoffe wählen Sie eine niedrigere Fadenspannung, für dünnere Stoffe wie Seide eine höhere.

02 GERADE STEPPNAHT

Mit geraden Nähten verbinden Sie zwei Stoffteile miteinander oder nähen Säume um (▸ Seite 24/25). Nähen Sie zur Probe auf Ihrem Stoff, ob die Fadenspannung stimmt.

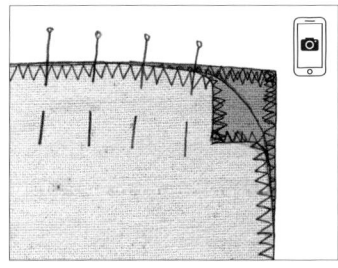 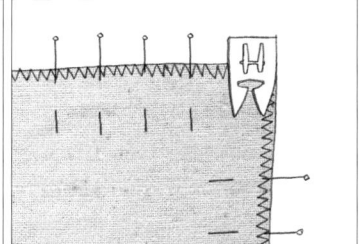 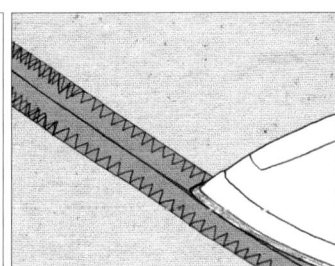

01 Wählen Sie einen Geradstich aus: Stichbreite 0, Stichlänge 2–3. Um zwei Stoffteile zusammenzunähen, die Teile rechts auf rechts legen und mit Stecknadeln quer zur Naht fixieren.

02 Die offene Stoffkante liegt bündig mit der rechten Kante des Nähfußes. Die Nähfußkante gilt als Führungslinie beim Nähen (= füßchenbreit). Stecknadeln bei Erreichen herausziehen.

03 Am Anfang und Ende der Naht Vernähen durch Rückwärtsstiche nicht vergessen. Dann die Nahtzugaben je nach Angabe im Schnittmuster entweder auseinander oder zur Seite bügeln.

03 ECKIGE STEPPNAHT

Bei den meisten rechteckigen oder quadratischen Projekten wie Kissen, Taschen oder Schals biegen Sie mindestens einmal um die Ecke.

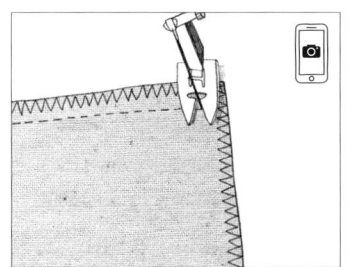 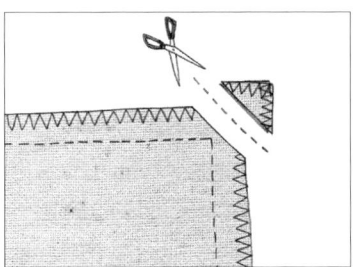

01 Ca. 1 cm vor dem Stoffende stoppen, Nadel mit dem Handrad senken, Nähfuß heben und Stoff um 90° drehen. Dann Nähfuß senken und weiternähen.

02 Damit Ecken spitz werden, stutzt man sie vor dem Wenden.

HANDY- UND TABLET-TASCHE

MATERIAL

grauer Wollfilz: 2 mm dick, ca. 30 × 30 cm (Handy), ca. 70 × 80 cm (Tablet) | rundes Gummiband in Kontrastfarbe: 40 cm (Handy), 70 cm (Tablet) von DaWanda oder Stoff & Stil | Webband: 30 cm von Farbenmix | graues Nähgarn | doppelseitiges Klebeband

ZUSCHNITT

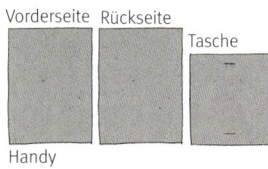

Vorderseite   Rückseite

Tasche

Handy

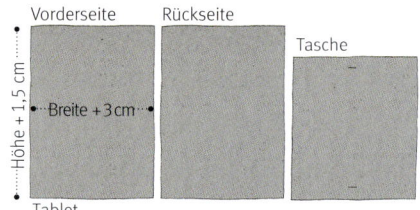

Vorderseite   Rückseite

Tasche

Höhe + 1,5 cm

Breite + 3 cm

Tablet

Für die Hülle messen Sie Ihr Handy bzw. Tablet aus und geben in der Breite 3 cm, in der Höhe 1,5 cm zu. Sie brauchen je zwei gleich große Filzstücke für Vorder- und Rückseite sowie ein Filzstück für die aufgesetzte Kopfhörer- bzw. Notizbuch-Tasche. Die Einstecktasche sollte bei der Handy-Tasche 3 cm, bei der Tablet-Tasche 5 cm kürzer sein als die Hülle. Für saubere, gerade Kanten schneiden Sie den Filz am besten mit dem Rollschneider entlang eines Lineals. In die aufgesetzten Taschen schneiden Sie zusätzlich ca. 2 cm vom oberen Rand und 3 cm vom unteren Rand zwei Schlitze (je 1 cm breit). Handy- und Tablet-Tasche nähen Sie auf die gleiche Weise.

01 Befestigen Sie einen Streifen Klebeband mittig auf dem Webband. Fixieren Sie dann das Webband ca. 2,5 cm vom oberen Rand an der Einstecktasche und nähen es mit Zickzackstich (Stichlänge 2, Stichbreite 2) entlang der beiden langen Kanten an.

02 Legen Sie Vorder- und Rückseite aufeinander und fixieren sie an den Rändern mit Klebeband (nicht mit Nadeln, sie hinterlassen Einstichwunden). Darauf legen Sie die Einstecktasche – das Webband liegt oben – und fixieren sie auch mit Klebeband.

03 Nähen Sie mit gerader Steppnaht (Stichlänge 3, Fadenspannung 3–4) von der rechten oberen Ecke bis zur linken oberen Ecke, dabei am Anfang und am Ende das Vernähen nicht vergessen. Wie unter »Gerade Steppnaht« (▸ Seite 19) beschrieben, bildet die rechte Nähfußkante die Führungslinie.

04 Zum Schluss versiegeln Sie die Enden des Gummibandes vorsichtig mit einem Feuerzeug, fädeln es jeweils von oben durch die Schlitze in der Einstecktasche und verknoten es mit einem Überhandknoten. Den Knoten verstecken Sie in der Einstecktasche. Das Gummiband sichert die Tasche.

04 WENDEN & SCHLIESSEN

Doppellagige Projekte wie Loop (▸ Seite 26) oder Körbchen (▸ Seite 36) wenden Sie nach dem Nähen durch eine kleine Öffnung in der Naht, die Wendeöffnung, auf die rechte Seite.

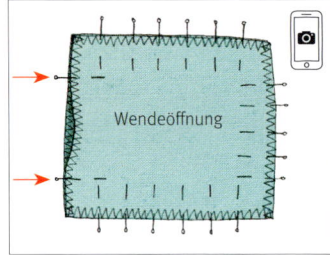

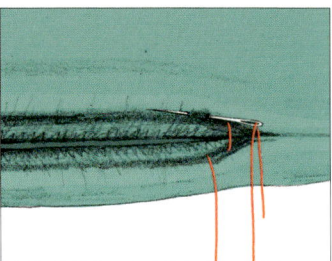

01 Die versäuberten Stoffe rechts auf rechts stecken. Die Wendeöffnung markieren. Ringsherum bis auf die Wendeoffnung zunähen und das Nähstück durch die Öffnung wenden.

02 Die Nahtzugabe im Bereich der Öffnung nach innen bügeln. Die Öffnung schließen Sie per Hand mit einem Leiterstich. Dazu an der Kante der Nahtzugabe von innen nach außen stechen.

03 Nun stechen Sie auf der gegenüberliegenden Kante der Nahtzugabe ein und nach 2–3 mm wieder heraus.

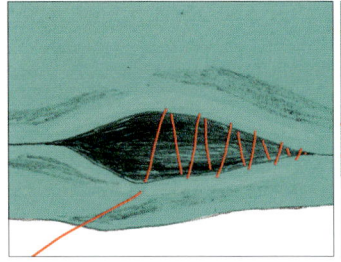

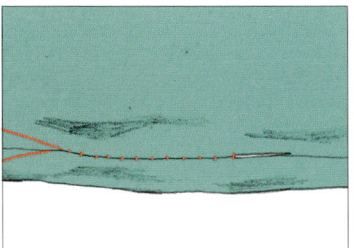

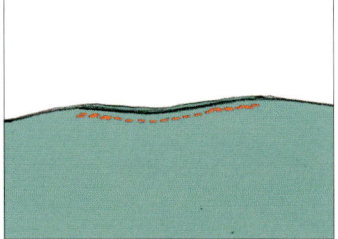

04 Fahren Sie fort, indem Sie jeweils links und rechts auf der Kante der Nahtzugabe ein- und nach 2–3 mm wieder ausstechen. Das Stichbild entspricht einer Leiter.

05 Am Ende der Öffnung den Faden stramm ziehen. Dadurch zieht sich die Naht zu. Den Faden vernähen, indem Sie unter der Naht mehrmals ein- und ausstechen, dann abschneiden.

06 Zum Schließen der Öffnung mit der Nähmaschine beide Kanten der Nahtzugabe aufeinanderlegen, feststecken und knapp entlang der Kante zusteppen. Naht sichern (▸ Seite 18).

05 PATCHWORKEN

Patchworken heißt, dass Sie Stoffstücke aneinandernähen. Durch Kombination von verschiedenen Farben oder Mustern entsteht am Ende ein interessantes Design.

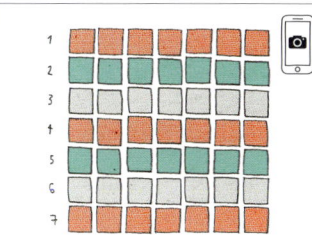

01 Um ein größeres Patchwork-Projekt zu planen, empfiehlt es sich, aus kleinen Stücken der gewählten Stoffe eine Miniaturausgabe des Werkstücks zu erstellen.

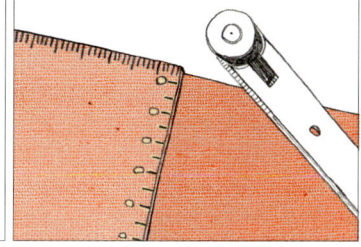

02 Für saubere, gerade Kanten schneiden Sie die Stoffteile mit dem Rollschneider entlang eines Lineals zu. Mit dem Lineal können Sie gleichzeitig die Länge des Stoffstücks messen.

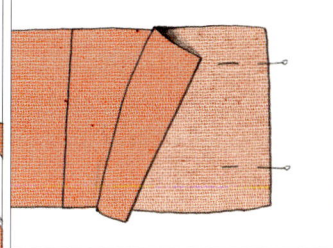

03 Zunächst die Stoffstücke Reihe für Reihe zusammennähen. Dazu jeweils zwei Teile rechts auf rechts stecken und füßchenbreit mit Geradstich steppen. Nahtzugaben auseinanderbügeln.

04 Nun die Reihen nach Plan nummerieren. Der Reihe nach zusammenstecken und aneinandernähen. Die Nähte müssen exakt aufeinandertreffen. Auf Nahtzugaben achten (▶ Tipp).

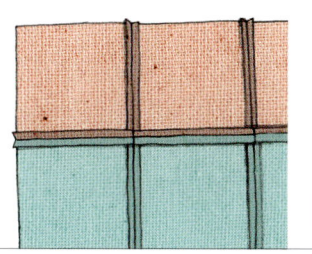

05 Nachdem Sie auf diese Weise alle Reihen aneinandergenäht haben, bügeln Sie die Nahtzugaben entsprechend den Angaben im Schnittmuster auseinander oder zur Seite.

AUF GLEICHE NAHT-ZUGABEN ACHTEN!
Beim Patchworken ist es für passgenaues Arbeiten wichtig, dass alle Nahtzugaben gleich groß sind. Orientieren Sie sich dafür wie in der Technik »Gerade Steppnaht« beschrieben (▶ Seite 19) an der rechten Kante des Nähfußes.

06 EINFACHER SAUM

Der einfache Saum ist die einfachste Art, einen Stoff zu säumen. Er bietet sich vor allem bei Projekten mit vielen Quernähten an, die beim doppelten Umschlagen zu wulstig würden.

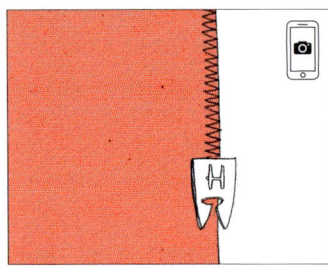 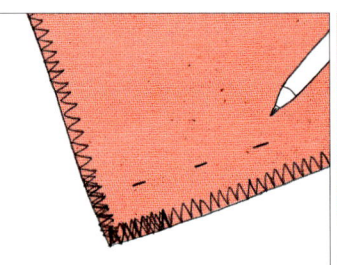 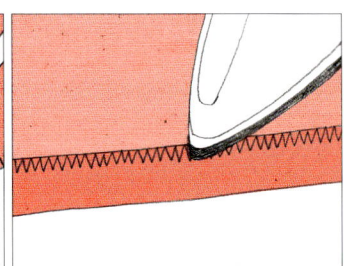

01 Versäubern Sie die Kante des Stoffs, die Sie säumen möchten, mit einem Zickzackstich. Einstellung der Nähmaschine: Stichlänge 2, Stichbreite 5–7.

02 Messen Sie mit einem Maßband ab der Stoffkante die gewünschte Saumlänge und markieren sie mit einem Trickmarker oder mit Kreide auf der linken Stoffseite.

03 Klappen Sie dann den Saum entlang der Markierung links auf links um und bügeln die Saumkante glatt.

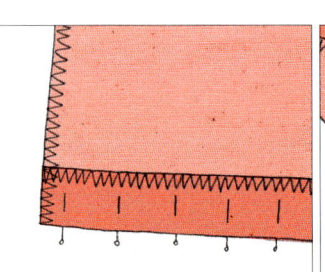 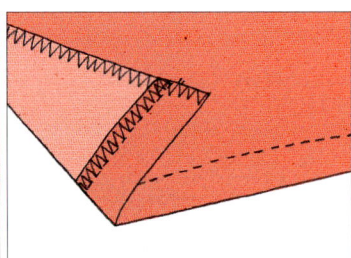

04 Fixieren Sie nun die Saumkante alle 4–5 cm mit Stecknadeln. Die Köpfchen zeigen nach außen, um sie beim Nähen besser entfernen zu können. Dann drehen Sie den Stoff auf rechts.

05 Den Saum von der rechten Stoffseite aus mit Geradstich (Stichlänge 3) steppen. Um die untere Saumkante mit zu fassen, mit der Hand den Umschlag fühlen und sich daran orientieren.

STEPPNÄHTE ALS BLICKFANG
Anstelle eines Geradstichs können Sie zum Absteppen des Saums einen Zierstich oder einen Zickzackstich als Zierstich wählen. Optisch besonders schön wird der Saum, wenn Sie die Naht mit einer Kontrastfarbe nähen.

07 DOPPELTER SAUM

Doppelt gemoppelt hält besser. Der doppelt umgeschlagene Saum ist die schönste und sauberste Art zu säumen, da alle offenen Stoffkanten verdeckt sind.

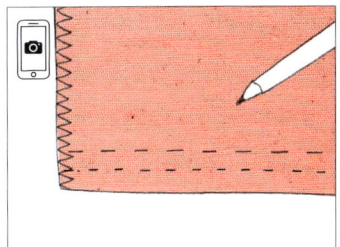

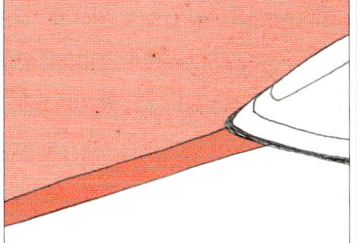

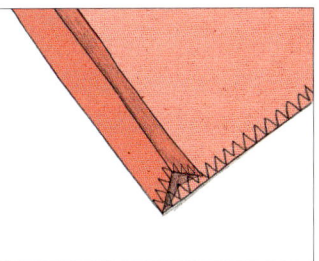

01 Für den doppelten Saum ist Versäubern nicht nötig. Setzen Sie auf der linken Stoffseite von der Kante aus im Abstand von 1 cm und 2 cm mit Trickmarker oder Kreide Markierungen.

02 Klappen Sie anschließend die Stoffkante entlang der 1-cm-Markierung um und bügeln Sie die umgeschlagene Kante glatt.

03 Dann schlagen Sie die Stoffkante ein zweites Mal entlang der 2-cm-Markierung um und bügeln auch diese Kante.

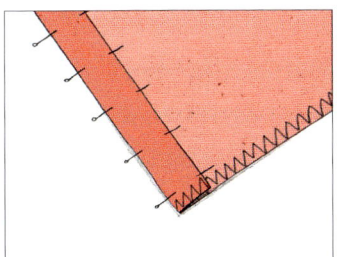

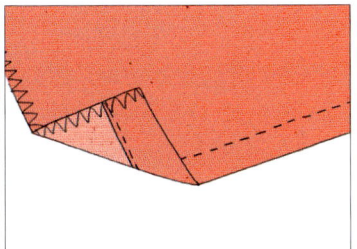

04 Fixieren Sie den Saum alle 4–5 cm mit Stecknadeln rechtwinklig zur Naht. Die Nadeln ziehen Sie beim Nähen jeweils kurz vorher einfach raus. Dann drehen Sie den Stoff um.

05 Den Saum nun von der rechten Stoffseite aus mit einem Geradstich (Stichlänge 3) steppen. Fühlen Sie die untere Saumkante beim Nähen mit der Hand, um sie mit zu fassen.

UNSERE SCHNITT-MUSTER ENTHALTEN NAHT- UND SAUMZUGABEN

LOOP-SCHAL

MATERIAL
Baumwolle Cotorienne Yurari in Rot, 35 cm (Stoffbreite 110 cm) | leichter
Strick von Stoff & Stil in Rot, 35 cm (Stoffbreite 110 cm) | rotes Garn

FERTIGE GRÖSSE
73 × 33 cm

Schneiden Sie aus dem Baumwollstoff einen 75 × 35 cm breiten Streifen, aus dem Strick einen 65 × 35 cm breiten Streifen zu. Versäubern Sie vor dem Nähen alle Kanten des Baumwollstreifens.

01 Legen Sie die beiden Stoffstreifen rechts auf rechts und fixieren Sie die langen Kanten ca. alle 2–3 cm mit Stecknadeln. Dafür stecken Sie zunächst außen je 1 Stecknadel ein. Da der Strick/Jersey etwas kürzer ist, müssen Sie ihn leicht dehnen, damit die beiden kurzen Seiten vom Baumwoll- und Strickstoff genau aufeinanderliegen. Anschließend fixieren Sie die Mitte mit Stecknadeln, dann in jeder Hälfte wieder die Mitte und so weiter. Nun nähen Sie mit einem Geradstich (Stichlänge 3) die beiden langen Kanten füßchenbreit (▸ Seite 19) zusammen. Dabei liegt der Strick oben. Den Strick beim Nähen zwischen den Nadeln ganz leicht dehnen. Die Stecknadeln entfernen Sie jeweils kurz vor dem Erreichen.

02 Nun wenden Sie den Schlauch auf rechts. Dazu greifen Sie eine kurze Seite des Schlauchs und ziehen die andere kurze Seite durch den Schlauch hindurch, sodass nun beide kurzen Seiten rechts auf rechts aufeinanderliegen. Während des Durchziehens sollen sich die Bahnen nicht verdrehen, damit anschließend Baumwollstoff auf Baumwollstoff und Strick auf Strick liegt. Wichtig ist, dass die Seitennähte exakt aufeinandertreffen.

03 Markieren Sie in der Mitte der kurzen Seite des Stricks mit einem Trickmarker oder mit Schneiderkreide eine 5 cm lange Wendeöffnung. Dann fixieren Sie die Seitennaht des Stricks mit Stecknadeln und verschließen sie mit einem Geradstich (Stichlänge 3). Die Wendeöffnung bleibt offen. Vernähen nicht vergessen (▸ Seite 18)! Die Seitennaht des Baumwollstoffs schließen Sie mit einer durchgehenden geraden Steppnaht (Stichlänge 2,5).

04 Nun greifen Sie in die Wendeöffnung und drehen den Schal auf rechts. Zuletzt schließen Sie die Wendeöffnung von rechts knappkantig, das heißt wenige Millimeter vom Rand entfernt (▸ Seite 22), mit einer geraden Steppnaht. Jetzt kann der nächste Winter kommen.

EINKAUFS-
BEUTEL

MATERIAL
Baumwollstoff, jeweils 140 cm breit: Rosa, 35 cm | Graublau, 30 cm | Weiß, 55 cm | Gurtband aus Baumwolle in Cremeweiß, 140 x 3 cm | weißes Nähgarn | doppelseitiges Klebeband

FERTIGE GRÖSSE
37 x 46 cm

ZUSCHNITT

Rückseite   Vorderseite

Schneiden Sie die drei Stücke der Beutelvorderseite aus dem weißen (A), rosa (B) und blaugrauen (C) Stoff sowie die Rückseite (D) aus dem weißen Stoff aus. Sie können dazu eine Schere verwenden, am besten geht es jedoch mit einem Rollschneider und einem langen Lineal. Nach dem Zuschneiden versäubern Sie alle Kanten mit einem Zickzackstich (▸ Seite 18).

01 Stecken Sie die Teile A und B an der jeweils kürzeren der beiden langen Kanten rechts auf rechts aufeinander und nähen sie mit einem Geradstich

(Stichlänge 2,5) füßchenbreit zusammen. Die Nahtzugaben auseinanderbügeln.

02 Teil C an der Spitze etwas einschneiden, damit sich die Spitze besser in Teil A/B einfügen kann, und rechts auf rechts so auf dem gerade genähten Teil A/B feststecken, dass die Seite mit der Spitze von C im Winkel von A/B liegt. Wichtig dabei ist, dass die Spitze genau auf der Naht von Teil A/B liegt. Nähen Sie nun zuerst die Außenkante von C/A mit einem Geradstich (Stichlänge 2,5) bis zur mittleren Spitze zusammen.

03 Wenn Sie an der Spitze angelangt sind, versenken Sie die Nadel im Stoff, heben den Nähfuß an und drehen das Nähgut etwas, um besser um die Ecke nähen zu können. Dann nähen Sie die Außenkante C/B weiter bis zum Rand. Zum Schluss sichern Sie die Naht durch einige Rück- und Vorwärtsstiche!

04 Bügeln Sie nun die Nahtzugaben auseinander. Die Vorderseite des Stoffbeutels ist bereits fertig. Falls an der Naht etwas Stoff übersteht, sollten Sie die Kanten begradigen, das heißt, mit einer Schere oder dem Rollschneider gerade schneiden. Anschließend diese Kanten wieder versäubern.

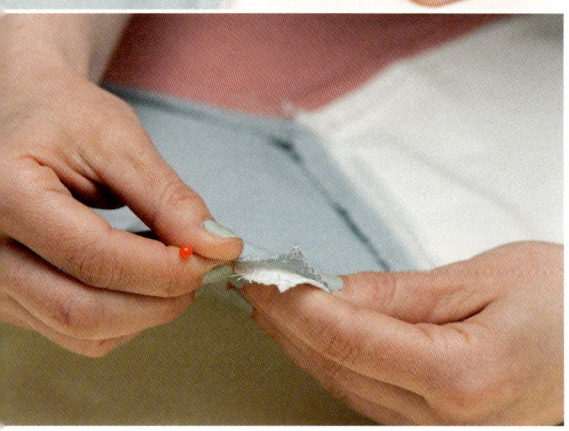

05 Jetzt fixieren Sie die Rückseite des Stoffbeutels (Teil D) mit Stecknadeln rechts auf rechts auf dem soeben fertiggestellten Vorderteil. Dann steppen Sie von rechts oben bis links oben im Geradstich (Stichlänge 2,5) entlang der Kante. An jeder Ecke stechen Sie die Nadel mit dem Handrad der Nähmaschine in den Stoff, heben den Nähfuß, drehen das Stoffstück um 90°, senken den Nähfuß wieder und nähen weiter. Am Anfang und Ende der Naht das Vernähen nicht vergessen! Bevor Sie die Tasche auf rechts wenden, stutzen Sie die Ecken mit einer Schere. Anschließend bügeln Sie den Beutel.

06 Nun versehen Sie die Oberkante mit einem einfachen Saum (► Seite 24). Dazu klappen Sie die Kante um 2 cm ein, bügeln sie und fixieren sie mit Stecknadeln. Dann steppen Sie mit einem Geradstich (Stichlänge 2,5) im Abstand von 1,8 cm zur Kante die Oberkante des Beutels.

07 Jetzt fehlen nur noch die Taschengriffe. Halbieren Sie dazu das Gurtband in zwei 70 cm lange Stücke. Fixieren Sie die Gurtenden mit Klebeband auf der rechten Stoffseite. Die exakte Lage können Sie aus dem Schnittmuster ersehen. Befestigen Sie dazu zunächst das Klebeband jeweils rechts und links auf der Taschenvorderseite (12 cm vom Außenrand, 5 cm bis zum oberen Rand). Platzieren Sie dann auf dem Klebeband mittig die Enden des Gurtbands. Achten Sie darauf, dass sich das Gurtband nicht verdreht.

08 Nähen Sie beide Enden des Tragegriffs kreuzförmig wie im Schnittmuster eingezeichnet auf der Taschenvorderseite mit einem Geradstich (Stichlänge 2,5) auf. Wiederholen Sie dann diese Schritte mit dem zweiten Gurtband für die Taschenrückseite. Zum Abschluss bügeln Sie die Tasche. Und nun: Einen erfolgreichen Einkauf!

08 RUNDUNGEN NÄHEN

Rundungen zu nähen ist im Prinzip nichts anderes als immer geradeaus zu nähen.
Es bedarf dabei nur etwas mehr Führung und Gefühl.

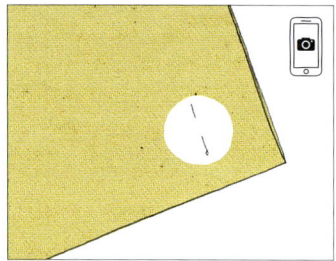

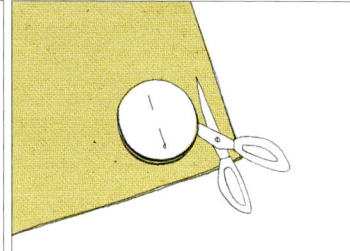

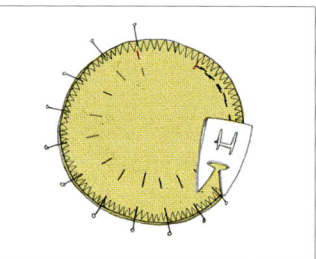

01 Legen Sie das Schnittmuster auf den rechts auf rechts doppelt liegenden Stoff und fixieren es durch beide Stofflagen mit Stecknadeln. Hier ist es ein Kreis wie für das Nadelkissen auf Seite 34.

02 Dann schneiden Sie den Kreis entlang der Schnittmusterkante mit einer Schere aus. Die Kanten beider Stoffkreise versäubern Sie mit Zickzackstich (► Seite 18).

03 Beide Teile rechts auf rechts feststecken, dabei eine Wendeöffnung markieren. Mit einem Geradstich (Stichlänge 2,5) steppen. Den Nahtanfang durch Rückwärtsstiche vernähen.

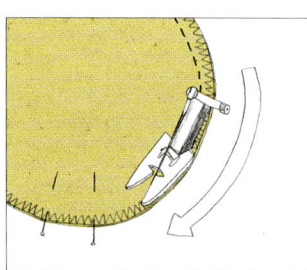

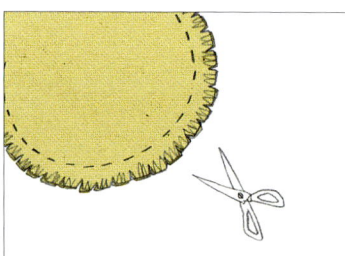

TIPP

04 Nähen Sie langsam. Führen Sie dabei den Stoff durch behutsames Drehen um die Rundung. Um besser um die Rundung zu kommen, Nähfuß immer wieder anheben. Nahtende vernähen.

05 Die Nahtzugaben in kurzen Abständen einschneiden, damit der Stoff in diesem Bereich nicht spannt. Das Stück durch die Öffnung auf rechts wenden, bügeln und die Öffnung schließen.

KREISE GANZ OHNE ZIRKEL!
Falls Sie mal einen Kreis aufzeichnen müssen, aber keinen Zirkel zur Hand haben, können Sie sich auch mit Haushaltsgegenständen behelfen. Kleine Teller, Tassen, Müslischüsselchen, Weingläser, Spraydosen und vieles mehr liefern geeignete Schablonen!

09 ECKEN NÄHEN

Mit dieser Technik gestalten Sie dreidimensionale Nähstücke. Die Ecken verleihen Projekten räumliche Tiefe, ohne dass Sie zusätzliche Seitenteile benötigen.

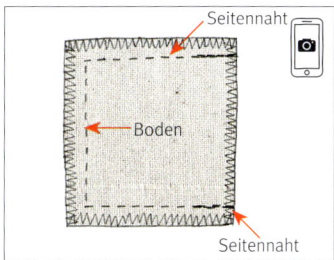

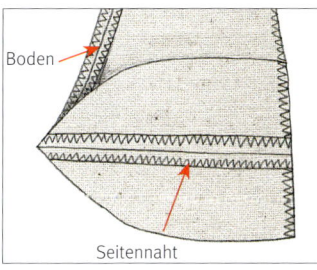

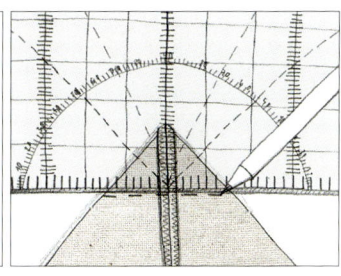

01 Zwei versäuberte Stoffteile rechts auf rechts legen und zusammenstecken. Schließen Sie Seitennähte und Bodennaht, anschließend bügeln Sie die Nahtzugaben auseinander.

02 Nun an einer Ecke den oberen Stoff nach oben, den unteren nach unten ziehen und eine Spitze formen, indem Sie Seiten- und Bodennaht exakt aufeinanderlegen. Durch bügeln fixieren.

03 Mit einem Geodreieck die im Schnittmuster angegebene Eckentiefe einzeichnen. Dabei liegt die Mitte des Geodreiecks exakt parallel zur Mittelnaht.

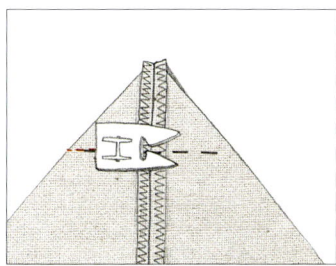

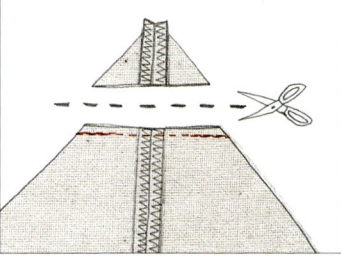

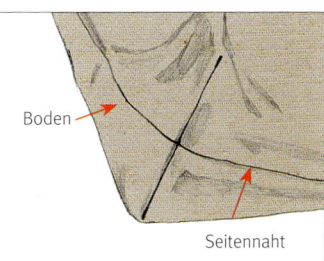

04 Entlang der eingezeichneten Linie mit einem Geradstich (Stichlänge 2,5) steppen. Vernähen nicht vergessen!

05 Nun schneiden Sie die Ecke mit einem Abstand von 0,5 cm zur Naht ab und versäubern die offene Kante mit einem Zickzackstich (▸ Seite 18).

06 Auf die gleiche Weise die andere Ecke nähen. Dann wenden Sie das Nähstück nach außen, bügeln die soeben entstandene Naht und außerdem alle Wände des Nähstücks.

NADELKISSEN

MATERIAL
Baumwollstoff in Grün, 20 cm (110 cm breit) | grünes Nähgarn | grünes Stickgarn | Sticknadel | ca. 50 g Füllwatte | Knopf aus Holz, 3 cm Durchmesser | grüner Filz für das Blatt, ca. 5 x 3 cm

FERTIGE GRÖSSE
ca. 12 cm Durchmesser

Schneiden Sie zwei Kreise nach Schnittmuster zu. Alternativ verwenden Sie als Vorlage einen Untersetzer (15 cm Durchmesser), dessen Kontur Sie mit einem Stift auf die linke Stoffseite übertragen. Nun legen Sie den Stoff doppelt, fixieren die Lagen innerhalb des Kreises mit einer Stecknadel und schneiden den Kreis aus. Sie können auch mit dem Zirkel einen Kreis auf festes Papier zeichnen, den Kreis ausschneiden, auf den Stoff legen und ausschneiden. Dann die Kanten der Stoffkreise versäubern (▸ Seite 18). Schneiden Sie aus dem grünen Filz nach der Vorlage das Blatt aus.

01 Die beiden Kreise rechts auf rechts mit Stecknadeln fixieren, eine Wendeöffnung von ca. 3–4 cm markieren und an der Öffnung beginnend ringsherum mit einem Geradstich (Stichlänge 2,5) steppen. Vor und hinter der Wendeöffnung die Nähte sichern (▸ Seite 18). Die Nahtzugaben in kurzen Abständen wie auf Seite 32 beschrieben einschneiden.

02 Das Stoffstück durch die Öffnung auf rechts wenden, bügeln und mit der Füllwatte ausstopfen. Dann die Wendeöffnung per Hand mit einem Leiterstich wie auf Seite 22 beschrieben schließen.

03 Auf der Sticknadel das Stickgarn auffädeln und am Fadenende einen Knoten machen. Von oben nach unten durch die Mitte des Nadelkissens stechen, den Faden außen um das Kissen führen und wieder von oben nach unten durch die Mitte stechen. Dieses Mal den Faden gegenüber dem ersten Faden außen herumführen. Die nächsten Fäden so um das Kissen führen, dass sie zuerst ein Kreuz, dann einen Stern aus acht Fäden bilden. Beim Durchstechen den Faden stets fest anziehen. Dadurch ergibt sich eine Blumenform. Zum Schluss verknoten Sie den Faden auf der Unterseite und nähen an der oberen Einstichstelle noch das Blatt und darauf den Knopf an (▸ Seite 14).

NADELKISSEN FÜRS HANDGELENK
Bei manchen Nähprojekten ist es praktisch, das Nadelkissen am Handgelenk zu tragen. Nähen Sie dafür an der Unterseite des Nadelkissens mittig ein Web- oder Gummiband in Form einer Schlaufe an.

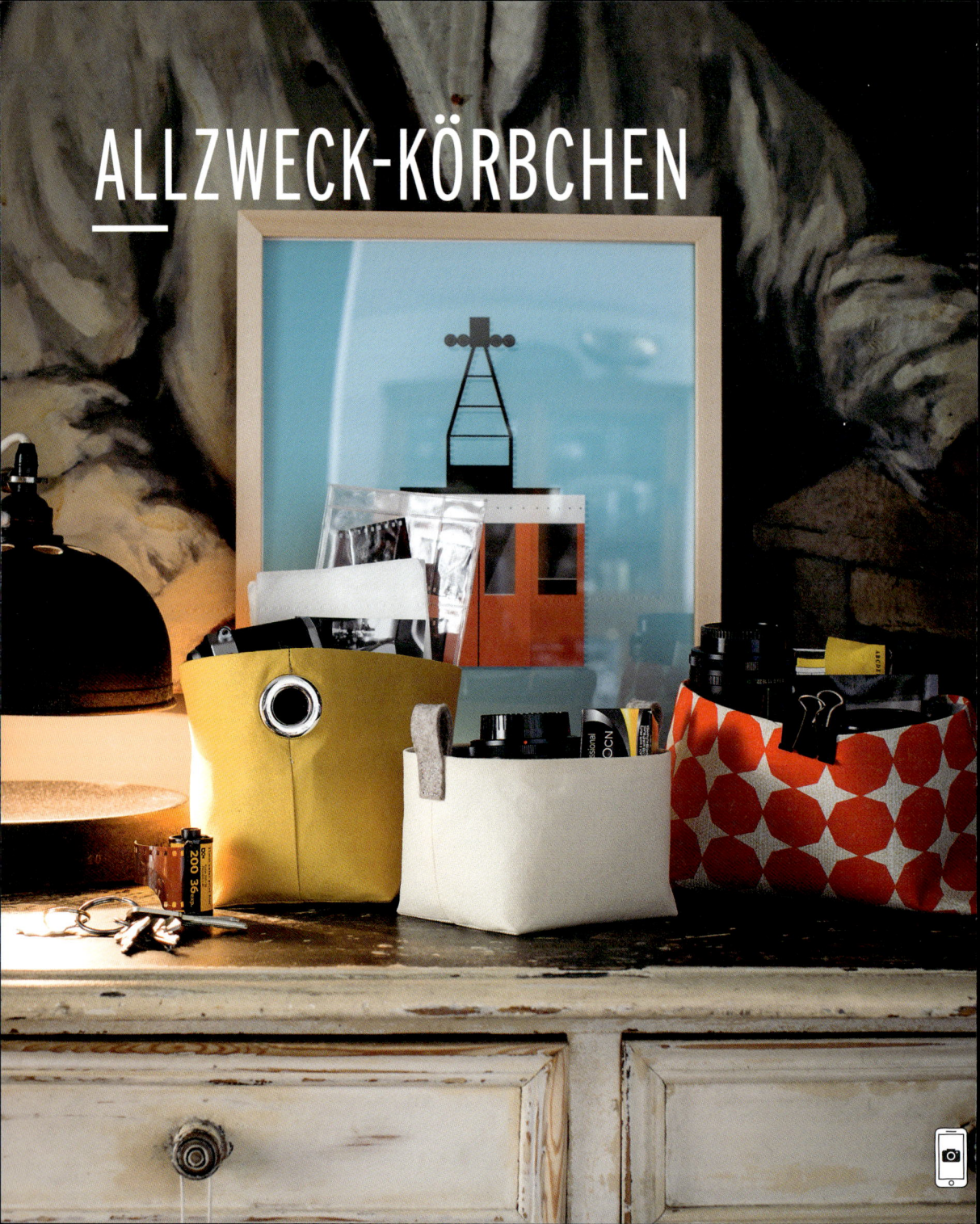

ALLZWECK-KÖRBCHEN

MATERIAL

Baumwollstoff für das Obermaterial in Cremeweiß, 25 cm (110 cm Breite) | Baumwollstoff für das Futter in Anthrazit, 25 cm (110 cm Breite) | Bügelvlies H250, 25 cm (90 cm Breite) | Wollfilz für die Henkel in Grau, 22 x 2 cm, oder 2 Stoffösen, 3 cm Durchmesser | cremeweißes Nähgarn

FERTIGE GRÖSSE

Grundfläche ca. 12 x 10 cm, Höhe 9 cm

ZUSCHNITT

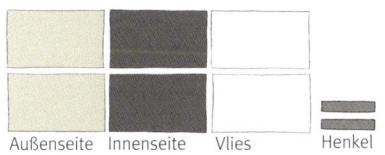

Außenseite   Innenseite   Vlies   Henkel

Schneiden Sie aus den Stoffen für Obermaterial und Futter je zwei gleich große Rechtecke aus. Auf die linke Seite beider Oberstoffstücke das Bügelvlies aufbügeln und eventuell überstehendes Vlies abschneiden. Alle Kanten versäubern (▸ Seite 18).

01 Obermaterial und Futterstoff jeweils rechts auf rechts legen, stecken und jeweils die beiden schmaleren Seiten sowie eine lange Seite für den Boden mit Geradstich (Stichlänge 2,5) steppen. Beim Futter an der Bodennaht eine 4–5 cm lange Wendeöffnung lassen.

02 Die Nahtzugaben auseinanderbügeln. Nun formen Sie an einer Seite des Oberstoffs wie auf Seite 33 beschrieben eine Ecke, indem Sie Seiten- und Bodennaht exakt aufeinanderlegen. Messen Sie mit dem Geodreieck von der Eckenspitze aus 5 cm ab, markieren diese Linie mit einem Stift, nähen und schneiden die Ecke entlang der Naht ab. Die Kante dann versäubern. Verfahren Sie mit der zweiten Ecke des Oberstoffs genauso. Anschließend formen Sie auch wie gerade beschrieben im Futterstoff zwei Ecken.

03 Wenden Sie nun das Innenteil aus Futterstoff auf die rechte Seite. Das Außenteil bleibt noch auf links gedreht.

04 Stellen Sie nun das Innenteil des Körbchens in das Außenteil. Platzieren Sie dabei die seitlichen Nähte exakt aufeinander. Stecken Sie beide Körbchen entlang der oberen Kante zusammen und steppen sie mit einem Geradstich (Stichlänge 2,5) entlang der Kante.

05 Dann greifen Sie in das Körbchen und wenden das gesamte Körbchen, also beide Stofflagen, durch die Wendeöffnung auf die rechte Seite. Sie haben jetzt bereits das Körbchen vor sich stehen.

06 Nun sind die Henkel dran. Halbieren Sie dafür den Filz und teilen ihn in zwei 11 x 2 cm messende Streifen. Legen Sie die Filzstreifen zur Schlaufe und fixieren sie jeweils auf der seitlichen Innen- und Außenseite des Körbchens mit dem Klebeband. Dann steppen Sie die Schlaufen kreuzförmig auf (Geradstich, Stichlänge 2,5). Das heißt, Sie nähen zuerst einmal außen herum, dann diagonal von Ecke zu Ecke. Orientieren Sie sich bei der Naht an den Markierungen im Schnittmuster.

07 Statt der Henkel können Sie auch Ösen anbringen. Schneiden Sie dafür mit einer kleinen Schere ein Loch im Bereich der Seitennaht. Dazu beide Stofflagen zusammenstecken, die Schablone (liegt der Öse bei) auflegen, den Kreis markieren und ihn durch beide Stofflagen ausschneiden. Die Seitennähte am Lochrand erneut sichern. Dazu drehen Sie den ganzen Korb wieder auf links und vernähen 1–2 cm ober- und unterhalb des Loches. Dann das Körbchen wieder auf rechts drehen.

08 Bevor Sie die Öse einstecken, bügeln Sie das Körbchen. Anschließend legen Sie die Seite der Öse mit der höchsten Erhebung von innen an das Loch und drücken das Gegenstück von außen ein. Die zweite Öse bringen Sie auf der anderen Seite genauso an.

09 Nun ziehen Sie das Innenfutter nach außen und schließen die Wendeöffnung, indem Sie mit einem Geradstich (Stichlänge 2,5) knapp entlang der Kante steppen. Zum Abschluss bügeln Sie das Körbchen, vor allem die Oberkanten und die Ecken. Als »Schreibtisch-Butler« sorgen die Körbchen zum Beispiel für Ordnung bei Stiften, Scheren oder Linealen. Im Bad können sie helfen, dass Schminkutensilien oder Duschgels immer griffbereit sind.

Auf dem Schnittmuster finden Sie noch Vorlagen für zwei größere Körbchen.

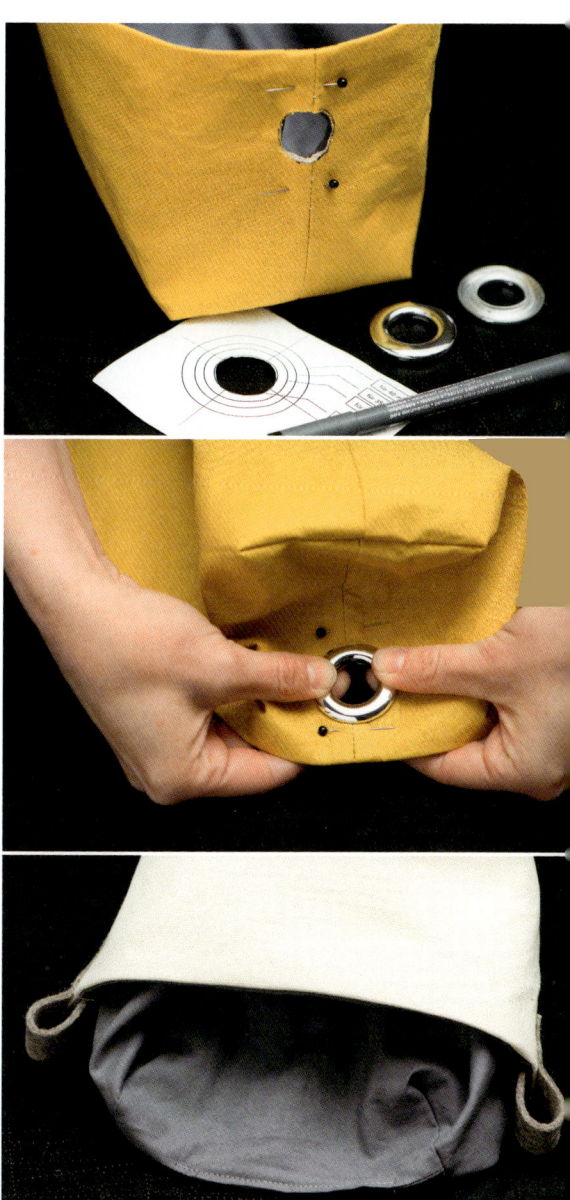

10 PASPELBAND EINNÄHEN

Mit Paspeln können Sie bei Kissen und anderen Nähprojekten tolle Akzente setzen und ihnen einen professionellen Look geben. Sie können sie schon fertig kaufen.

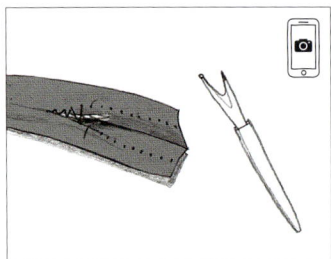

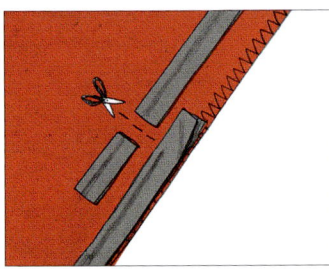

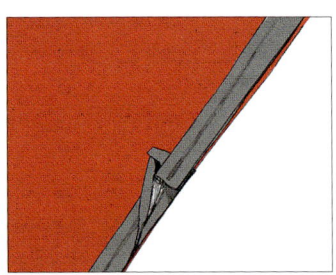

01 Paspeln sind in farbigen Schrägstreifen verpackte Kordeln. Trennen Sie die ersten 3–4 cm der Paspel mit dem Nahtauftrenner auf und entfernen die Kordel in diesem Bereich.

02 Dann die Paspel ringsherum mit Klebeband auf der Kante der rechten Stoffseite fixieren. In den Ecken die Paspel mit einer kleinen Schere am Schrägstreifen einschneiden.

03 Etwa 5 cm vor dem Ende der Paspel das Kleben unterbrechen und die Paspel so abschneiden, dass sie das vordere Paspelende 3–4 cm überlappt.

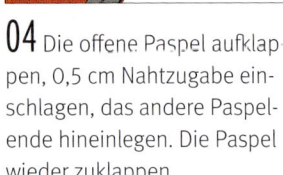

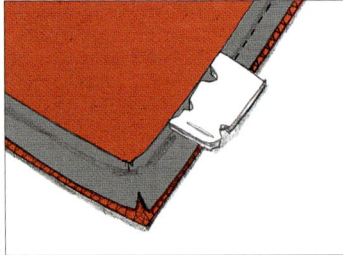

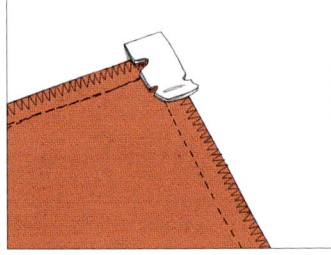

04 Die offene Paspel aufklappen, 0,5 cm Nahtzugabe einschlagen, das andere Paspelende hineinlegen. Die Paspel wieder zuklappen.

05 Nun die Paspel mit dem Reißverschluss-Nähfuß entlang der Kordel rundherum annähen. Beginnen Sie damit im Bereich der zusammengeführten Kordelenden.

06 Das zweite Stoffteil rechts auf rechts auflegen und mit Klebeband fixieren. Nähgut umdrehen und entlang der gesteppten Naht zusammennähen. Bei Bedarf Wendeöffnung offen lassen.

11 APPLIZIEREN

Als Vorlage für eine Applikation können Sie jedes beliebige Motiv auf Papier ausdrucken und dann aus Stoff zuschneiden. Dafür gibt es zwei Varianten.

01 **Variante 1:** Die Vorlage aus Papier spiegelverkehrt auf der linken Seite des Applikationsstoffs mit Sprühkleber fixieren, ausschneiden. Dann mit Sprühkleber auf dem Nähwerk fixieren.

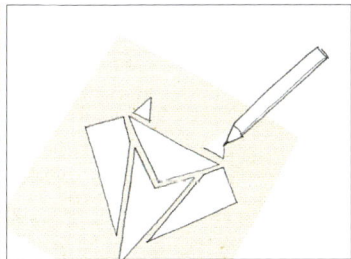

02 **Variante 2:** Die Applikationsvorlage spiegelverkehrt auf die nicht klebende Seite des Bügelvlieses übertragen, indem Sie die Konturen nachzeichnen. Dann grob um die Vorlage schneiden.

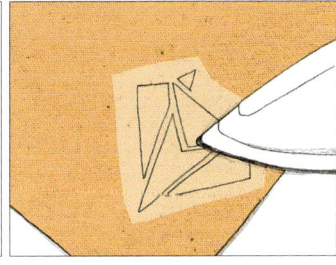

03 Das Vlies mit der klebenden Seite nach unten auf die linke Seite des Applikationsstoffes aufbügeln.

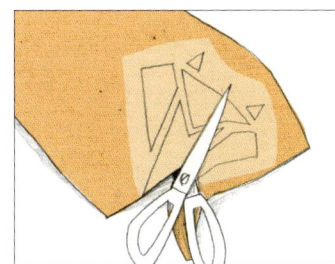

04 Die Applikation ausschneiden, das Trägerpapier vom Bügelvlies lösen und die Applikation mit dem Vlies nach unten auf die rechte Seite des Nähwerks aufbügeln.

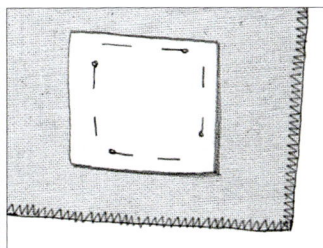

05 **Variante 1 + 2:** Ein Stück Stickvlies etwas größer als die Applikation ausschneiden und auf der linken Seite des Unterstoffs im Bereich der Applikation mit Stecknadeln fixieren.

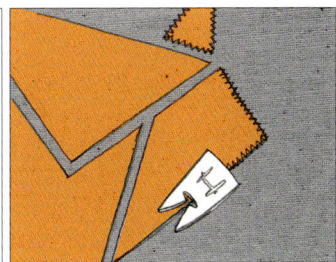

06 Die Applikation mit einem Zickzackstich (Stichlänge 0,5–1,5, Stichbreite 4–5) von rechts anbringen. Die Applikationskante liegt dabei in der Mitte des Nähfußes. Stickvlies entfernen.

SOFAKISSEN

MATERIAL
Baumwollstoff mit Rauten in Grau, 55 cm (110 cm Breite) | 210 cm Paspelband in Neonorange | graues Nähgarn | Klebeband | Kissen-Inlet, 50 × 50 cm

FERTIGE GRÖSSE
50 × 50 cm

ZUSCHNITT

Vorderseite
Rückseiten

Das Sofakissen hat einen Hotelverschluss, also weder Knöpfe noch einen Reißverschluss. Schneiden Sie ein Quadrat und zwei Rechtecke zu. Die Vorderseite rundherum, die beiden Rückseiten bis auf eine lange Kante versäubern. Ein Paspelende wie auf Seite 40 beschrieben vorbereiten.

01 Die unversäuberte lange Kante beider Kissenrückseiten doppelt säumen (▸ Seite 25).

02 Die Paspel mit Klebeband rundherum an der Vorderseite des Kissens auf der rechten Stoffseite anbringen und annähen (▸ Seite 40).

03 Die beiden Kissenrückseiten rechts auf rechts auf die Vorderseite legen, im Bereich der gesäumten Kanten überlappen sie. Die Rückseiten entlang der Außenkanten kleben.

04 Ringsherum mit dem Reißverschluss-Nähfuß steppen und insbesondere im Bereich der Überlappung darauf achten, dass Sie alle Lagen erfassen. Jetzt noch die Ecken stutzen (▸ Seite 19), die Kissenhülle auf rechts wenden und bügeln. Dann das Inlett hineinstecken – fertig!

SOFAKISSEN MIT ORIGAMI-FUCHS-APPLIKATION
Die Applikationsvorlage finden Sie unter www.gu.de/selbermachen/downloads als Download. Die Vorlage nähen Sie wie auf Seite 41 beschrieben zuerst auf die Vorderseite des Kissens. Dann nähen Sie die drei Stoffteile für das Kissen zusammen.

12 REISSVERSCHLUSS EINNÄHEN

Mit der richtigen Technik ist ein Reißverschluss schnell eingenäht. Haben Sie keinen passenden zur Hand, können Sie Reißverschlüsse mit wenigen Handgriffen kürzen oder verlängern.

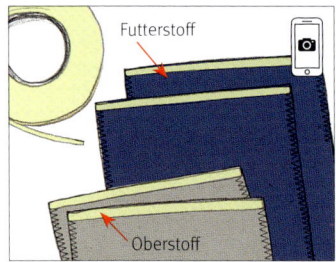

01 Für ein gefüttertes Täschchen alle Kanten bis auf die Reißverschlusskante versäubern. An den Oberkanten von Ober- und Futterstoff in der Nahtzugabe auf rechts das Klebeband anbringen.

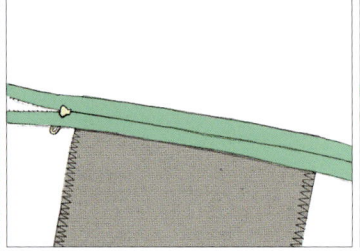

02 Den Reißverschluss mit der Oberseite nach unten auf das Klebeband am Oberstoff kleben. Dabei schließt die Außenseite des Reißverschlusses bündig mit der offenen Stoffkante ab.

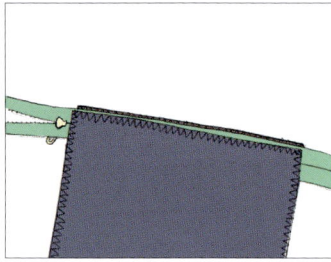

03 Kleben Sie dann die Oberkante des Futterstoffs mit der rechten Seite zum Reißverschluss zeigend auf die Rückseite des Reißverschlusses.

04 Der Reißverschluss liegt nun zwischen den beiden Stofflagen aus Ober- und Futterstoff wie die Füllung eines Sandwiches. Dabei zeigen die rechten Stoffseiten zueinander.

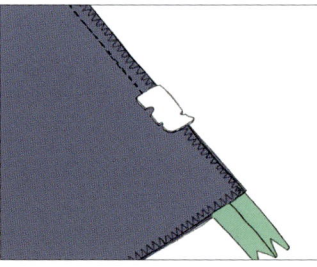

05 Nun diese drei Lagen mit dem Reißverschluss-Nähfuß steppen (Geradstich, Stichlänge 2,5). Die Stoffkante liegt bündig mit der Kante des Nähfußes. Vernähen nicht vergessen!

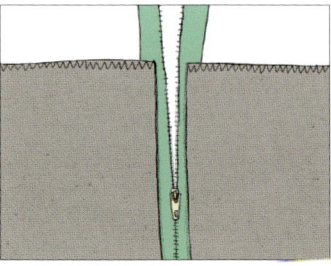

06 Genauso nähen Sie die andere Seite des Reißverschlusses ein. Öffnen Sie ihn dabei zur Hälfte, dann fällt das Einnähen leichter. Er liegt nun jeweils zwischen zwei Stofflagen.

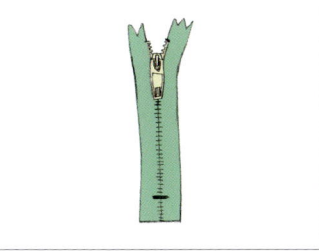

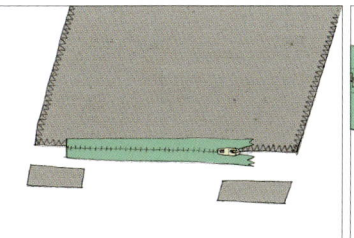

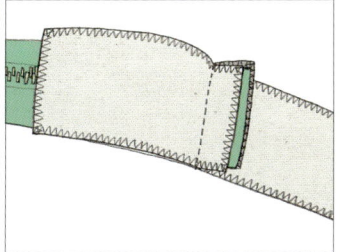

07 Reißverschluss kürzen:
Das ist nur möglich bei Kunststoff-Reißverschlüssen. Schneiden Sie dazu den Reißverschluss mit einer Schere an der erforderlichen Stelle durch. Sichern Sie sofort die Zahnreihe, indem Sie darüber einen Riegel nähen, also einfach ein paarmal quer über die Zahnreihe nähen.

08 Reißverschluss verlängern:
Dies ist nötig, wenn der Reißverschluss zu kurz für das Nähstück ist. Legen Sie den Reißverschluss mittig an die Oberkante des Nähwerks und schneiden vier Stoffstücke zu: so breit wie der Reißverschluss, um ca. 2–3 cm (Nahtzugabe) länger als die fehlende Länge an jeder Seite.

09 Versäubern Sie die Streifen. Dann legen Sie den Reißverschluss zwischen zwei Stoffstücke (mit rechter Stoffseite zum Reißverschluss). Die Stoffstreifen liegen bündig mit der Schmalseite des Reißverschlusses. Nun füßchenbreit entlang der Schmalseite steppen. Andere Reißverschlussseite verlängern.

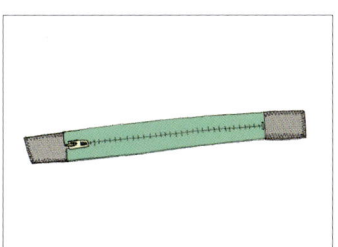

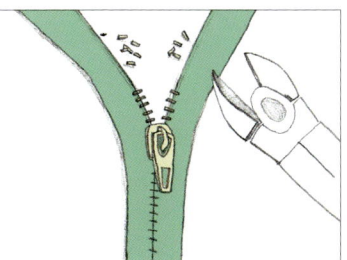

10 Klappen Sie die angenähten Stoffstücke auf rechts. Dann bügeln Sie sie oder steppen die Schmalseite von rechts noch einmal knappkantig. Nun den Reißverschluss wie auf Seite 44 beschrieben einnähen.

11 Bei Reißverschlüssen mit Metallzähnen zuerst mit einer Zange die Metallzähnchen bis zur Nahtstelle entfernen, bevor Sie den Reißverschluss verlängern, weil Sie nicht über die Metallzähnchen nähen können.

TIPP

FARBAKZENTE SETZEN MIT REISSVERSCHLÜSSEN
Mit bunten Reißverschlüssen können Sie tolle Akzente setzen! Achten Sie aber unbedingt beim Kauf auf Markenqualität, denn nichts ist ärgerlicher als ein eingenähter Reißverschluss, der sich nicht mehr bedienen lässt.

KOSMETIK-TÄSCHCHEN

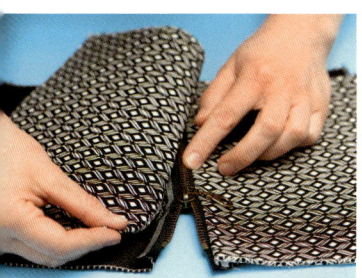

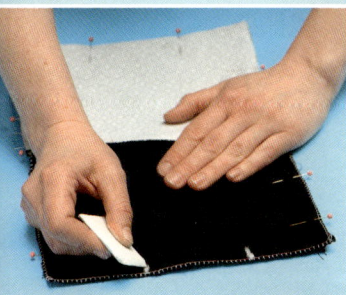

MATERIAL

Baumwollstoff Robert Kaufman Modern Bliss Rauten, 25 cm (140 cm Breite) | Baumwoll-Leinen in Schwarz, 25 cm (110 cm Breite) | Bügelvlies, 25 cm (90 cm Breite) | schwarzes Nähgarn | Klebeband | schwarzer Reißverschluss, 18 cm lang | Lederband, rund oder flach, 2 mm, 30 cm lang

FERTIGE GRÖSSE

18 × 14 cm

ZUSCHNITT

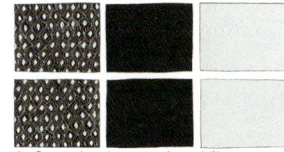

Außenseite Innenseite Vlies

Je zwei Rechtecke aus den beiden Stoffen und dem Vlies ausschneiden. Die Kanten der Oberstoff- und Futterteile versäubern. Vlies auf die linke Oberstoffseite bügeln, überstehendes Vlies abschneiden.

01 Die langen Oberkanten von Oberstoff und Futterstoff auf der rechten Stoffseite mit Klebeband versehen. Wie auf Seite 44 beschrieben den Reißverschluss einnähen. Nun den Reißverschluss etwa zur Hälfte öffnen, damit Sie die Tasche nach dem Nähen wenden können.

02 Die Stoffteile auseinanderbreiten, sodass Futterstoff auf Futterstoff und Oberstoff auf Oberstoff liegen, der Reißverschluss ist in der Mitte. An der Bodennaht des Futterstoffs eine Wendeöffnung markieren.

03 Dann ringsherum exakt aufeinanderstecken, dabei den Reißverschluss zur Futterseite legen. Nun rundherum absteppen (Geradstich, Stichlänge 2,5). Vernähen nicht vergessen.

04 Die Ecken stutzen, dann das Täschchen durch die Öffnung wenden und die Öffnung von rechts knappkantig steppen. Zum Schluss das Lederbändchen am Zipper des Reißverschlusses festbinden.

DAYSHOPPER-TASCHE

MATERIAL

Canvas in Beige als Obermaterial, 40 cm (140 cm Breite) | Rhododendrons von Snow Leopard Designs in Wollweiß als Futterstoff, 80 cm (110 cm Breite) | Bügelvlies H250, 80 cm (90 cm Breite) | Taschengriffe in Braun von Snaply, 55 cm | grüner Reißverschluss (Kunststoffzähne), 60 cm lang | braunes Stickgarn | beiges Nähgarn

FERTIGE GRÖSSE

50 × 35 cm

ZUSCHNITT

Außenseite   Innenseite   Vlies   Anhänger für Reißverschluss

Schneiden Sie aus Ober- und Futterstoff sowie Vlies alle Stücke nach Schnittmuster aus. Bügeln Sie auf die linke Seite beider Canvasteile für die Tasche und auf zwei Anhängerstücke für den Reißverschluss das Vlies auf und begradigen Sie ggf. überstehendes Vlies. Alle Teile mit beigem Garn versäubern.

01 Schneiden Sie am Reißverschlussende den Stopper ab, damit er beim Nähen nicht stört. Befestigen Sie den Reißverschluss mit Klebeband zwischen zwei Canvas-Stücken (eines davon ist mit Vlies verstärkt) und nähen die Stücke mit Geradstich (Stichlänge 2,5) rundherum entlang der Kanten zusammen.

02 Nähen Sie den Reißverschluss ein (▸ Seite 44). Am Anfang und Ende der Naht bleiben jeweils 2 cm offen, durch diese Öffnung holen Sie nach dem Zusammennähen der Tasche den Reißverschluss aus der Tasche. Er ragt auf beiden Seiten ca. 7–8 cm über die Tasche hinaus. Nach dem Einnähen öffnen Sie ihn, um später die Tasche wenden zu können.

03 Breiten Sie nun die Tasche aus, sodass Oberstoff auf Oberstoff und Futter auf Futter liegen. Stecken Sie dann die Teile jeweils exakt rundherum aufeinander fest. Markieren Sie auf der Bodennaht des Futters eine Wendeöffnung von ca. 15 cm Länge. Die Bodennaht ist die dem Reißverschluss gegenüberliegende Naht.

04 Nähen Sie dann jeweils die Seitennähte und Bodennaht von den ausgebreiteten Teilen des Oberstoffs und Futterstoffs mit einem Geradstich (Stichlänge 2,5) zusammen. Die Wendeöffnung in der Bodennaht des Futters lassen Sie offen. Am Anfang und Ende der Naht das Sichern nicht vergessen!

05 Jetzt nähen Sie die Ecken sowohl am Futter als auch am Oberstoff ein, um den Boden der Tasche zu formen. Ziehen Sie dazu wie auf Seite 33 beschrieben die Seitennaht auf die Bodennaht, bis sich die Nähte exakt treffen. Messen Sie mithilfe eines Geodreiecks 6 cm von der Spitze aus ab, markieren diese Linie mit dem Trickmarker und steppen entlang dieser Linie. Danach schneiden Sie die Ecke ab und versäubern die Kante mit einem Zickzackstich. Dies wiederholen Sie für die zweite Ecke beim Oberstoff und für beide Ecken beim Futterstoff.

06 Greifen Sie nun in die Wendeöffnung im Futterstoff und wenden Sie die Tasche durch den geöffneten Reißverschluss auf rechts. Dabei stülpen Sie das Futter in die Tasche hinein und drücken die Ecken sauber nach außen.

07 Holen Sie nun die Reißverschlussenden, die sich noch im Taschen-futter verbergen, durch die Öffnungen, die Sie in Step 02 am Anfang und Ende des Reißverschlusses offen gelassen haben, nach außen.

08 Die Tasche bügeln, vor allem die Oberkante der Tasche, an der der Reißverschluss festgenäht ist. Dabei die Nahtzugaben im Bereich der noch offenen Nähte an den Taschenseiten nach innen einklappen. Nun die Oberkante rundherum knappkantig steppen. Dabei schließen Sie die offenen Bereiche am Anfang und Ende des Reißverschlusses.

09 Nun bringen Sie die Lederträger auf der Tasche an. Kleben Sie sie zunächst mit einem breiten durchsichtigen Klebeband auf der Außenseite der Tasche gemäß der Markierung im Schnittmuster fest. Das Klebeband ist notwendig, damit die Träger beim Annähen nicht verrutschen. Stecknadeln als Fixierhilfe würden im Leder unschöne Löcher hinterlassen.

10 Bringen Sie die Träger mit einem von Hand genähten Steppstich entlang der vorgestanzten Löcher mit dem braunen Stickgarn und einer Stopfnadel an: Stechen Sie in ein Loch zurück, dann zwei Löcher weiter vorn wieder aus. Damit die Stiche nicht auf dem Innenfutter sichtbar sind, nähen Sie die Träger nur auf dem Oberstoff fest. Greifen Sie dazu durch die Wendeöffnung. Nähen Sie durch das Klebeband hindurch. Das Garn am Ende auf der Stoffinnenseite gut vernähen und verknoten. Dann ziehen Sie das Klebeband ab. Zum Schluss schließen Sie die Wendeöffnung knappkantig. Und nun viel Spaß beim Shoppen!

13 MIT EINFASSBAND VERSÄUBERN

Mit einem Einfassband können Sie offene Stoffkanten geschickt verstecken. Die Technik bietet eine Alternative zum Säumen und ist besonders beim Quilten gefragt.

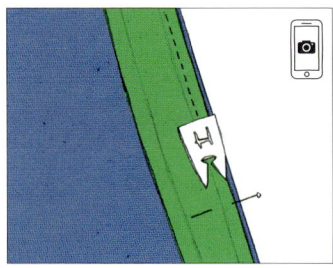

01 Das Band auseinanderfalten, mit der rechten Seite nach unten entlang einer **geraden Kante** auf der linken Stoffseite feststecken und füßchenbreit mit Geradstich (Stichlänge 2,5) nähen.

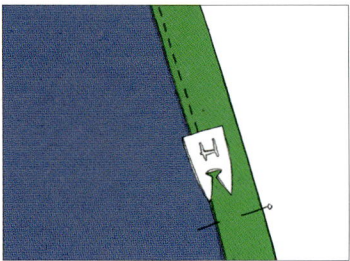

02 Das Nähstück auf rechts drehen, das Band um die Kante schlagen und die vorgefaltete Nahtzugabe einklappen. Das Band entlang der Kante feststecken und knappkantig steppen.

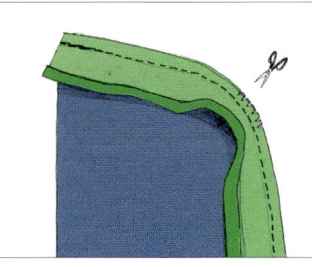

03 Bei einer **Rundung** schneiden Sie die Nahtzugabe, bevor Sie das Band umklappen, wie auf Seite 32 beschrieben in kurzen Abständen mit einer Schere ein, damit der Stoff nicht spannt.

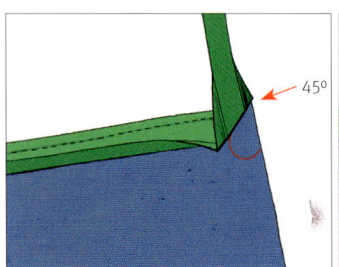

04 Ecken formen: Das Band an einer Kante feststecken und bis ca. 0,7 cm vor der Ecke nähen. Nähfuß heben und Nähgut hervorziehen. Das Band nun um 45° nach außen klappen.

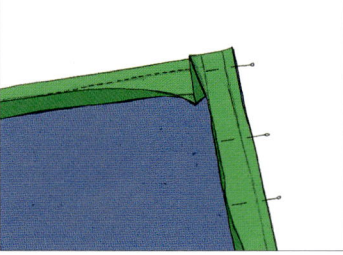

05 Nun das Band um 90° nach innen klappen, dass es bündig mit der nächsten Seite des Nähwerks liegt. Band feststecken und vom Anfang der Stoffkante aus bis zur nächsten Ecke nähen.

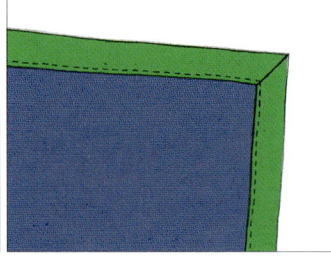

06 Alles umdrehen, Nahtzugabe einklappen. In der Ecke überstehenden Stoff der einen Bandseite unter die andere legen. Per Hand die Ecke ausarbeiten. Feststecken, knappkantig steppen.

14 QUILTEN

Mit der Technik Quilten gestalten Sie dreilagige Patchwork-Arbeiten. Sie bestehen aus gepatchter Vorderseite, Rückseite sowie Volumenvlies als Füllung.

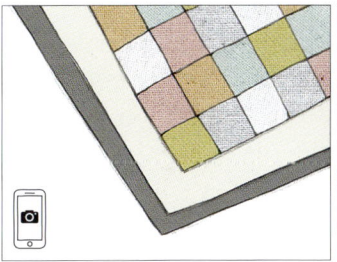
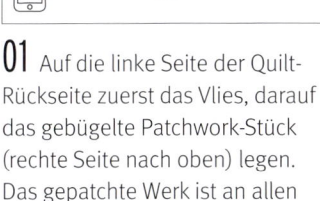

01 Auf die linke Seite der Quilt-Rückseite zuerst das Vlies, darauf das gebügelte Patchwork-Stück (rechte Seite nach oben) legen. Das gepatchte Werk ist an allen Seiten um ca. 5 cm kleiner.

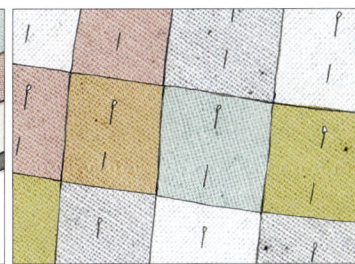

02 Jetzt fixieren Sie alle drei Lagen von der Mitte aus arbeitend mit Stecknadeln. Stecken Sie jedes Stoffstück mit einer Stecknadel fest. Dabei das Patchwork immer wieder glatt streichen.

03 Muster 1: Dies ist eine Variante des Quiltens. Sie nähen direkt auf den vorgegebenen Nähten (= im Nahtschatten) alle Lagen zusammen (Geradstich, Stichlänge 2,5).

04 Muster 2: Streifenmuster sind ebenfalls möglich. Steppen Sie dazu mit dem gewünschten Abstand, z. B. 1 cm, links und rechts parallel zur Naht.

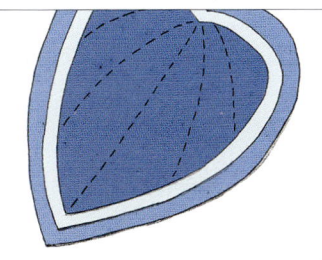

05 Muster 3: Freie Muster übertragen Sie gemäß Vorlage mit einem Trickmarker auf die Vorderseite des Nähguts. So entsteht z. B. die Blattäderung auf unserem Topflappen (▶ Seite 54/55).

06 Jetzt passen Sie Rückseite und Vlies der Größe der Vorderseite an, indem Sie die überstehenden Ränder abschneiden. Dann alle Lagen mit Einfassband versäubern (▶ Seite 52).

TOPFLAPPEN

MATERIAL

Baumwoll-Leinen in Grün, 60 cm (140 cm Breite) | Thermolan, 30 x 30 cm | fertiges Schrägband in Dunkelgrün (▸ Glossar), passend zum Stoff, 70 cm lang | Nähgarn in Grün | Nähgarn für die Quiltnähte in Hellgrün | Samtband in Grün, 0,5 x 14 cm | Holzknopf, 2,5 cm Durchmesser

FERTIGE GRÖSSE

21 × 20 cm

ZUSCHNITT

Vorderseite   Rückseite   Eingriff   Vlies

Schneiden Sie aus dem grünen Stoff und aus dem Vlies die Blattformen sowie das halbe Blatt für den Eingriff je einmal aus. Versäubern Sie dann lediglich die Oberkante des halben Blattes.

01 Klappen Sie zuerst die Oberkante des Eingriffs um 1 cm um und steppen den einfachen Saum mit einem Zickzackstich (Stichlänge 2, Stichbreite 5).

02 Legen Sie das kleinere Blatt mit der rechten Seite nach oben auf das Thermolan. Beide Lagen platzieren Sie dann auf der linken Seite des größeren Blattes. Stecken Sie alles in der Mitte fest. Übertragen Sie nun das Muster für die Blattäderung mit einem Trickmarker auf die Vorderseite des Blattes. Dann steppen Sie es durch alle Lagen mit dem Kontrastgarn nach (Geradstich, Stichlänge 3).

03 Schneiden Sie nun die überstehenden Teile der Rückseite und des Thermolans ab.

04 Den Eingriff mit der linken Seite nach unten auf der Rückseite des Topflappens feststecken. Fixieren Sie – an der Spitze des Blattes beginnend – das Schrägband mit Nahtzugabe entlang der Topflappenkante und nähen es fest (▸ Seite 52). Dann das Band auf die rechte Blattseite klappen und wieder bis zur Spitze festnähen. An der Spitze die Nahtzugabe vom Schrägband einklappen und damit das andere Ende verdecken. Dann fertig annähen.

05 Abschließend legen Sie das Samtband zur Schlaufe und fixieren es auf der Vorderseite mit einer kurzen Steppnaht gegenüber der Blattspitze. Darauf nähen Sie den Knopf an (▸ Seite 14).

DREIECKS-QUILT

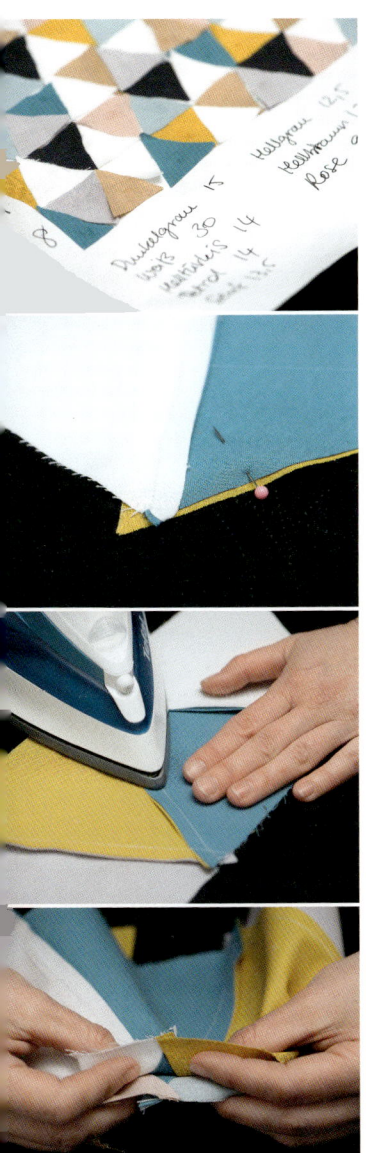

MATERIAL
Baumwollstoff (100 % Baumwolle ohne Stretchanteil),
jeweils 140 cm breit: Anthrazit, 40 cm | Weiß, 80 cm |
Blaugrau, 40 cm | Petrol, 40 cm | Senfgelb, 40 cm | Hell-
grau, 40 cm | Hellbraun, 40 cm | Rosé, 20 cm |Miscellany
von Cloud 9 Fabrics, 110 cm (140 cm Breite) |Baumwoll-
Vlies, 110 x 110 cm | fertiges Schrägband in Anthrazit,
450 cm | Nähgarn in Hellgrau und Schwarz

FERTIGE GRÖSSE
114 × 102 cm, bestehend aus 128 Dreiecken

Die Decke eignet sich als Plaid für Ihre Couch oder einen Sessel. Den
Plan und das Schnittmuster für die Decke können Sie downloaden.
Ein eigenes Muster planen Sie wie auf Seite 23 beschrieben. Wenn Sie
eigene Farben und Muster entwerfen, sollten Sie darauf achten, dass
alle Stoffe die gleiche Stoffqualität haben.

01 Schneiden Sie die Dreiecke aus den entsprechenden Stoffen aus
(Kantenlängen 17,5 x 17,5 x 17,5 cm). Für die vorliegende Decke brau-
chen Sie 17 Dreiecke in Anthrazit, 15 in Senfgelb, 16 in Petrol, 14 in
Blaugrau, 30 in Weiß, 10 in Rosé, 13 in Hellbraun und 13 in Hellgrau.

02 Stecken Sie zwei Dreiecke rechts auf rechts aneinander, sodass
sie abwechselnd auf dem Kopf und auf dem Fuß stehen. Die Spitze
der Dreiecke ragt jeweils etwas über. Füßchenbreit mit Geradstich
(Stichlänge 2,5) steppen. Auf diese Weise nähen Sie aus 16 Dreiecken
die erste Reihe. Alle Nähte sichern.

03 Sobald Sie eine Reihe genäht haben, bügeln Sie alle Nahtzugaben
zur Seite.

04 Sind alle Reihen fertig genäht, nummerieren Sie sie entsprechend
des Plans durch. Dann stecken Sie zwei Reihen rechts auf rechts mit
Stecknadeln aneinander. Achten Sie dabei darauf, dass die Spitzen
der Dreiecke exakt aneinanderstoßen.

57

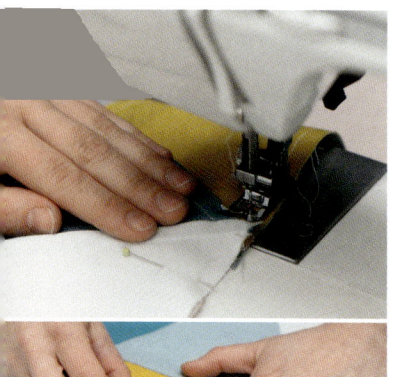

05 Nähen Sie nun die ersten beiden Streifen aneinander. Bügeln Sie sofort die Nahtzugaben auseinander. Dann stecken Sie auf die gleiche Weise die nächsten Streifen in der geplanten Reihenfolge von oben nach unten aneinander und nähen sie zusammen. Alle Nähte stets sichern. Wenn Sie alle Streifen aneinandergenäht haben, bringen Sie den Quilt in seine endgültige Form, indem Sie die überstehenden Dreieckshälften mit Rollschneider und langem Lineal zurückschneiden.

06 Bevor Sie nun die Rückseite und das Vlies anbringen, bügeln Sie die gepatchte Seite und die Rückseite. Breiten Sie nun die Rückseite mit der linken Seite nach oben aus und legen darauf das Vlies. Nun platzieren Sie darauf die gepatchte Vorderseite mit der rechten Seite nach oben und stecken alle drei Lagen von der Mitte ausgehend in jedem Dreieck mit Nadeln zusammen. Dabei immer wieder nach außen glatt streichen, damit keine Falten entstehen.

07 Fädeln Sie in der Nähmaschine oben das hellgraue Garn und unten das schwarze Garn ein. Dann steppen Sie durch alle drei Lagen jeweils mit 1 cm Abstand zur Naht entlang der Nähte, mit denen Sie die Streifen zusammengenäht haben. Nehmen Sie einen Geradstich, Stichlänge 3, und stellen Sie die Fadenspannung etwas niedriger als normal ein (3–4). Sie fangen am besten mit der mittleren Naht an. Dann steppen Sie die parallelen Nachbarnähte nach links bis an den Rand der Decke. Danach folgen die Nähte von der Mittelnaht aus zur rechten Seite. Nun auf die gleiche Weise alle anderen Nähte steppen.

08 Bevor Sie nun das Schrägband auf der Rückseite der Decke anbringen, schneiden Sie die überstehenden Ränder der Rückseite und des Vlieses auf die Größe der Vorderseite zu. Stecken Sie nun das Schrägband mit der rechten Seite nach unten entlang der ersten Kante auf der linken Quilt-Seite fest. Beginnen Sie damit am besten in der Mitte dieser Seite. Nähen Sie dann das Schrägband mit einem Geradstich (Stichlänge 2,5) an. Befestigen Sie allerdings die ersten 5 cm noch nicht. Stoppen Sie etwa 0,7 cm vor der ersten Ecke die Nähmaschine.

09 Die Ecken sind etwas knifflig. Sichern Sie die Naht, dann heben Sie die Nadel mit dem Handrad der Maschine aus dem Stoff, ziehen den Stoff heraus und schneiden den Faden ab. Nun klappen Sie das Schrägband wie im Bild gezeigt im 45°-Winkel zuerst nach außen.

10 Dann klappen Sie es im 90°-Winkel nach innen um, sodass es nun parallel zur nächsten Kante liegt. Stecken Sie es fest, dann steppen Sie diese Seite vom Anfang bis 0,7 cm vor der nächsten Ecke entlang der Kante. Dies wiederholen Sie für alle Ecken. Dort angekommen, wo Sie gestartet sind, schneiden Sie das Schrägband so ab, dass das Ende den Anfang etwas überlappt. Klappen Sie 0,5 cm Nahtzugabe ein und legen das andere Ende des Schrägbands darauf. Dann nähen Sie das Schrägband auf der Unterseite fertig an.

11 Nun schlagen Sie das Schrägband auf die Vorderseite der Decke um, klappen die Nahtzugabe ein und fixieren das Schrägband mit Stecknadeln entlang der geraden Seiten bis jeweils 3–4 cm vor den Ecken. Nun formen Sie die Ecken. Dazu schieben Sie den überstehenden Stoff der Seite, der zuvor durch das Umklappen nach rechts und dann nach links (Step 09, 10) entstanden ist, unter den Stoff der anderen Seite. Schrägband an den Ecken durch alle Lagen feststecken und dann rundherum knappkantig steppen.

TIPP

GUT GEBÜGELT IST HALB GENÄHT!
Das Bügeleisen sollte bei allen Näharbeiten, vor allem aber beim Patchworken und Quilten, stets griffbereit sein. Sobald Sie die Stoffstücke bzw. -reihen aneinandergenäht haben, bügeln Sie die Kanten je nach Angabe im Schnittmuster auseinander oder zur Seite. Dadurch vereinfachen Sie sich das Patchworken und sorgen für saubere Übergänge.

REGISTER

Die **halbfett** gesetzten Seitenzahlen verweisen auf Abbildungen,
UK = Umschlagklappe.

DIE PROJEKTE IM ÜBERBLICK

PROJEKT	SEITE	END-GRÖSSE	ZEITAUF-WAND	SCHWIERIG-KEITSGRAD	BESONDERHEITEN UND VARIANTEN
Allzweck-Körbchen	36	12 x 10 cm, Höhe 9 cm	2 Std.	2	Auf dem Schnittmuster gibt es noch Anleitungen für zwei größere Körbchen.
Dayshopper-Tasche	48	50 x 35 cm	5 Std.	3	
Dreiecks-Quilt	56	114 x 102 cm	1–2 Tage	3	Sie können den Quilt durch Annähen weiterer Reihen vergrößern. Sie können statt der Dreiecke auch Quadrate aneinandernähen.
Einkaufs-beutel	28	37 x 46 cm	3 Std.	2	
Handy-Tasche	20		30 Min.	1	Die Einstecktasche kann auch aus Strick oder Jersey genäht werden. Steppen Sie diese dann mit einem engen Zickzackstich an drei Seiten fest.
Kosmetik-Täschchen	46	18 x 14 cm	2 Std.	2	Sie können die Größe ganz leicht selbst variieren.
Loop-Schal	26	73 x 33 cm	1,5 Std.	2	Statt Strick können Sie auch Jersey verwenden. Wenn Ihnen Rot als Farbe für die Innenseite nicht gefällt, passt zu dem gemusterten Stoff auch sehr gut Mittelblau, Rosa oder Crème.
Nadelkissen	34	12 cm im Durchmesser	1 Std.	1	Die Ober- und Unterseite können Sie aus unterschiedlich gefärbten Stoffen nähen.
Sofakissen	42	50 x 50 cm	1,5 Std.	1	Wenn Ihnen das Einnähen der Paspel für den Anfang zu schwierig ist, können Sie diese auch weglassen. Dann nähen Sie einfach die Kissenhüllen rechts auf rechts zusammen.
Tablet-Tasche	20		30 Min.	1	Die Einstecktasche kann auch aus Strick oder Jersey genäht werden. Steppen Sie diese dann mit einem engen Zickzackstich an drei Seiten fest.
Topflappen	54	21 x 20 cm	1,5 Std.	3	Statt der Blattform können Sie jede andere Form wählen, zum Beispiel eine Blütenform.

SERVICE

TIPPS UND TRICKS

IM INTERNET

www.patchwork-quilt-forum.de
(Forum für alle Fragen rund um Patchwork und Quilts)

www.farbenmix.de
(Tipps rund ums Nähen, um Stoffe und Zubehör)

www.hobbyschneiderin.net
(Anleitungen, Buchbesprechungen)

www.naehen-update.de
(Näh-Glossar)

www.naehen-schneidern.de
(Nähanleitungen und Schnittmuster, Tipps zum Nähen)

www.mama-tipps.de
(Sammlung von Links zu Nähkursen)

BÜCHER, DIE WEITERHELFEN

Evelegh, Tessa: Einfach selber nähen: Kreative Kleider, Taschen, Wohnaccessoires. Dorling Kindersley, München

Imhof, Monika/Panazzolo, Denise/Soltermann, Marianne/Zgraggen, Catherine: Grundkenntnisse Nähen 1. Hep Verlag, Bern

ZEITSCHRIFTEN

Mollie Makes,
www.shop-oz-verlag.de

Ottobre design,
www.ottobredesign.com

Handmade Kultur,
www.handmadekultur.de

TREFFPUNKTE

INTERNETFOREN

www.waseigenes.com

www.draussennurkaennchen.blogspot.de

www.hamburgerliebe.blogspot.com

www.naehkitz.blogspot.de

www.feinesstoeffchen.wordpress.com

www.stich-und-faden.de

www.jolijou.com

BEZUGSADRESSEN

ONLINE-SHOPS

Dawanda
Online-Portal für Material und Accessoires
www.dawanda.com/material

Farbenmix
Großes Sortiment an hochwertigen Webbändern
www.farbenmix.de

Fachberatung für den Nähmaschinenkauf
www.naehpark.com

Snaply Nähkram
Kreatives Nähzubehör, KAM Snaps, Kurzwaren
www.snaply.de

STOFFE UND MEHR

Limetrees
Schwarzer Bär 3, 30449 Hannover
www.limetrees.de

Glücksmarie
Barmbeker Straße 13,
22303 Hamburg
www.gluecksmarie-shop.de

Stoff & Stil
Dänischburger Landstraße 81,
23569 Lübeck
www.stoffundstil.de

Grinsestern
Oberndorferstraße 23,
A–6322 Kirchbichl
www.grinsestern-shop.com

Stoffkiste
Brandackerstrasse 14,
CH–5024 Küttigen
www.stoffkiste.ch

Lust auf Selbermachen.

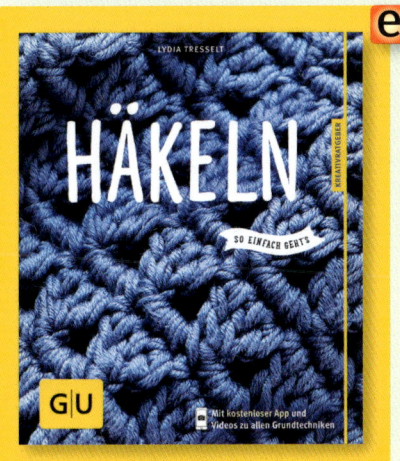
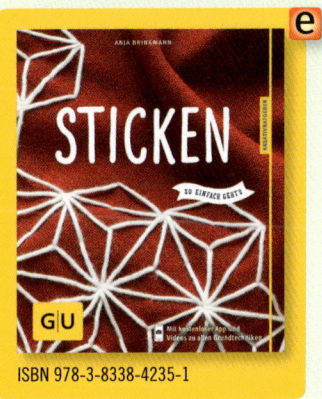

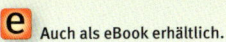

IMPRESSUM

© 2014 GRÄFE UND UNZER
VERLAG GmbH, München.

BILDNACHWEIS

Alle Fotos stammen von **Jochen
Arndt,** mit Ausnahme von:
Hintergrundmotive von Petra Ender,
bis auf Seite 32-33 Shutterstock Oliay;
S. 7-1: mauritius images/image-
BROKER/Walter G. Allgöwer.
Alle Illustrationen stammen von
Julia Krusch, mit Ausnahme von:
S. 5: Shutterstock/Bill Fehr,
S. 17: Shutterstock/Alemon cz.

DER FOTOGRAF

Jochen Arndt arbeitet seit vielen
Jahren weltweit als Fotograf für
internationale Kunden und Verlage.
Wenn er nicht auf Reisen ist,
verbringt er seine Freizeit gerne mit
Kochen und mit seinem Hund.
Infos unter www.jochenarndt.com

Projektleitung: Angelika Holdau

Lektorat: Angelika Lang

**Konzeption und Umsetzung der
Foto- und Videoproduktion:**
Natascha Klebl

Bildredaktion: Caroline Pesarese,
Petra Ender (Cover)

Kreative Beratung:
Justyna Dembowski

Umschlaggestaltung und Layout:
independent Medien-Design,
Horst Moser, München

Herstellung: Martina Koralewska

Satz: Longo AG, Bozen

Reproduktion: Longo AG, Bozen

Druck und Bindung: Schreckhase,
Spangenberg

Syndication:
www.jalag-syndication.de

Umwelthinweis:
Dieses Buch ist auf PEFC-zertifiziertem
Papier aus nachhaltiger Waldwirt-
schaft gedruckt.

ISBN 978-3-8338-4234-4

2. Auflage 2014

Printed in Germany

 www.facebook.com/gu.verlag

GRÄFE
UND
UNZER

Ein Unternehmen der
GANSKE VERLAGSGRUPPE